人民美术家

孙其峰卷

陈高潮　主编

北京工艺美术出版社
北京人民出版社

图书在版编目（CIP）数据

人民美术家．孙其峰卷 / 陈高潮主编．-- 北京：北京工艺美术出版社，2022.7
ISBN 978-7-5140-2446-3

Ⅰ．①人… Ⅱ．①陈… Ⅲ．①孙其峰－生平事迹－画册 Ⅳ．① K825.72-64

中国版本图书馆 CIP 数据核字 (2022) 第 056828 号

出 版 人：陈高潮
策 划 人：吴剑安
责任编辑：赵　微
装帧设计：邹振邦
责任印制：高　岩

法律顾问：北京恒理律师事务所　丁　玲　张馨瑜

人民美术家　孙其峰卷
RENMIN MEISHUJIA SUN QIFENG JUAN
陈高潮　主编

出　　版　北京工艺美术出版社
　　　　　北京人民出版社
发　　行　北京美联京工图书有限公司
地　　址　北京市西城区北三环中路6号京版大厦B座7层702室
邮　　编　100120
电　　话　(010) 58572763 (总编室)
　　　　　(010) 58572878 (编辑室)
　　　　　(010) 64280045 (发　行)
传　　真　(010) 64280045/58572763
网　　址　www.gmcbs.cn
经　　销　全国新华书店
印　　刷　天津鑫旭阳印刷有限公司
开　　本　635毫米×965毫米　1/8
印　　张　41
字　　数　305千字
版　　次　2022年7月第1版
印　　次　2022年7月第1次印刷
印　　数　1～4000
书　　号　ISBN 978-7-5140-2446-3
定　　价　698.00元

序言

为新时代画像

王野霏

“繁荣文艺创作、推动文艺创新，必须有大批德艺双馨的文艺名家。要把文艺队伍建设摆在更加突出的重要位置，努力造就一批有影响的各领域文艺领军人物，建立一支宏大的文艺人才队伍。”这是习近平总书记《在文艺工作座谈会上的讲话》中关于新时代中国特色社会主义文艺工作的明确要求，也是我们“人民美术家”新时代美术家丛书编辑出版的重要思想基础。

中华民族具有悠久的历史和灿烂的文化，美术是中华民族优秀传统文化的重要代表。新中国成立以来，全国美术界按照“为人民服务，为社会主义服务”的发展方向和“百花齐放，百家争鸣”的指导方针，取得了辉煌的艺术成就。改革开放，特别是党的十八大以来，我国美术界全面繁荣，生机勃发。歌颂党、讴歌祖国、为人民树碑立传的，人们喜闻乐见的优秀作品不断涌现；一大批德艺双馨的艺术家脱颖而出，引领着中国当代美术不断地健康发展，形成全面繁荣的大好局面。就美术家而言，其在美术创作实践中的阶段性艺术总结，无论是对其作品价值的再发现、再推广，还是对其本人和艺术的再提高，都显得十分必要。对于美术行业而言，阶段性梳理和总结新时代美术家的创作成就，特别是艺术大家的创作成就和艺术道路，是美术行业多年来形成的光荣传统。回顾历史，那些曾在各自的艺术流派做出非凡成就的美术家，如徐悲鸿、林风眠、刘海粟、潘天寿等，无一不是一边积极创作，一边不断总结梳理，将自己的创作经验和优秀作品结集出版，为后人留下宝贵的精神财富，在美术史上留下浓墨重彩的一笔。对于国家和社会而言，站在两个一百年的时间节点，借着建党一百年的春风，将那些德艺双馨的美术家的艺术成就结集成册呈现于世人面前，无疑是为新时代中国特色社会主义文化大发展、大繁荣献上的厚礼。

人民美术家根植于人民，为人民树碑立传，为人民发声，他们为时代画像，为时代立传，为时代明德，定将无愧于人民的重托，创作出更多、更好的时代经典以回馈时代，回馈人民。北京工艺美术出版社与北京人民出版社立足全国文化中心定位，面向全国，以新时代德艺双馨的标准遴选艺术家，合力打造的“人民美术家”丛书，意义重大而深远。我愿把这套书推荐给读者。

（作者系中共北京市委宣传部一级巡视员）

孙其峰　中国当代著名国画家、书法家、美术教育家。

原名奇峰，曾用名琪峰，别署双槐楼主。1920 年生于山东省招远县，1947 年毕业于国立北平艺术专科学校国画科。曾先后师从徐悲鸿、黄宾虹、李苦禅、王友石、汪慎生、寿石工、金禹民等。擅山水、花鸟、书法、篆刻，兼通画史、画论。曾任天津美术学院副院长、绘画系与工艺系主任，天津市书法家协会副主席，中国美术家协会理事，中国书法家协会理事等职。现为天津美术学院终身教授、西泠印社理事、天津市美术家协会名誉主席、中国国家画院院务委员等。

在国内外多次举办个人书画作品展，其书画作品被各大美术馆、博物馆、纪念馆、陈列馆、艺术院校等机构和国内外重要场所珍藏。

被中国美协、中国书协、天津市委宣传部、天津市文联授予“当代美术教育家”“国画大师”称号。

被中国书协评为第三届书法兰亭奖“终身成就奖”获得者，享受国务院政府特殊津贴。

所著文章曾发表于《中国画》《美术》《中国画研究》《艺术研究》等刊物。著有《中国画技法》《孙其峰画集》《孙其峰书画选集》《花鸟画谱》《孔雀画谱》《花鸟画构图小稿》《花鸟画技法》《孙其峰教学手稿》《孙其峰书法艺术》等 40 余种作品。

目　录

众家评说

艺术之路

艺术心语

人民美术家·孙其峰

众家评说

ZHONGJIA PINGSHUO

白孔雀

大画家走在大道上

文／冯 远

欣闻《孙其峰书画全集》即将面世，我为能给这部大书作序感到荣幸，为能借此机会系统拜读孙先生的作品感到高兴。

孙先生是当代花鸟画的领军人物，是当之无愧的花鸟画大师，尤其“文革”时期迄今，他的作为对于推动花鸟画的时代发展有着重大意义。

我们知道，花鸟画在“文革”中受到的冲击、打压尤甚于其他画科，被定性为“黑画”“小资情调”，画家不敢碰，藏家不敢买。据讲，王雪涛的花鸟画在地摊上出售，卖主吆喝着卖画框而不是卖框里的画。在那个年代，孙先生曾以极小的代价为天津美院收购了一批藏品，现在看都是宝贝，弥足珍贵。

在那个是非颠倒的年代，孙先生作为反动学术权威被打入“牛棚”，反复受批斗，被剥夺了绘画权利。所幸他在“牛棚”中能得到一份党报，于是他偷偷在报纸边上、版面空隙里起小稿、画小图，以防手生。凭着极度刻苦的练习及对美术事业的满腔热爱，他坚持下来了。到了“文革”后期，环境有所松动，春风即将吹拂。1973 年，他率先出版了《孔雀画谱》和《花鸟画谱》，这两本书一经问世，即告售罄。随后他又出版了《鸟谱》第二册和《动物纹样》等专业书籍。当绝大多数画家尚未挣脱禁锢、束缚，尤其是精神束缚，无所适从的时候，孙先生已率先上路，提前出发。“文革”十年，百花凋零，孙先生在此时的作为犹如荒野上率先怒放的鲜花一样，难能可贵。

接下来高校恢复招生，他的《画谱》理所当然地被选作教材或教学参考书，这

孙其峰创作中

表明了其在美术教学与理论研究上的领先地位。他是报春使者。他与霍春阳合作的《山花烂漫》，参加了“庆祝粉碎‘四人帮’伟大胜利全国美术作品展”，并广泛见于各大报刊，产生了全国性影响，此不失为引领花鸟画再度繁荣的一个嚆矢。

进入20世纪80年代，孙先生的书画创作驶入快车道，迎来高峰期。他刻无暇晷，夜以继日，画了大量作品。他应邀参加文化部（现为文化和旅游部）组织的创作团队，同全国范围内精选出的一批优秀画家集中创作数年之久，粗略估计这期间他无偿为国家作画有八百余幅，用于为国家“换汇”。同时，他活跃在京津各大美术院校的讲坛上，播火传薪，浇灌桃李，为花鸟画的复苏辛勤耕耘。80年代到90年代，他再接再厉，编绘出版《国画技法》、《写意花鸟画谱》、《百树谱》、《百石谱》（合作）、《中国花鸟画》等工具书与普及读物，既满足了学院教学需要，也有益于美术普及，使之回归社会，服务群众。

由此可见，孙先生是在特殊时期、特别困难的社会背景下做出特殊贡献的人物，

孙其峰在昌黎碣石山上山水课

学院领导与美术师范系师生党员合影。前排右二为孙其峰

孙其峰与青年教师合影。左起：张世范、陈洪轩、邓福秀、孙其峰、辛晋英、阚宪臣、贺建国、焦俊华

党和政府不会忘记他的功绩，他也因此赢得了广大美术工作者的尊重。他的读物拥有广大读者，他的作品拥有大量知音。他曾动员、邀请一批顶级画家到天津美院授课，借此改善他们的生活条件，也为天津美院积累了数量可观的美术精品，对于教学工作起着不可估量的积极作用。他扎根天津美院，影响更在京畿乃至全国各地，其绘画成果、教学思想惠及几代学子，对于花鸟画的时代发展有着重大影响，发挥着承前启后之巨大作用。

接下来，我想谈谈孙先生书画创作的传承性。他精湛的绘画技艺、老到的笔墨语言，建立在对传统绘画精髓准确理解的基础上，结合写生，融入主观感受，反复提炼，精益求精，数十年如一日精研不辍，形成独具特色、焕然一新的新语境、新面貌，为花鸟画在新时期的传承发展提供了范例。

孙先生是徐悲鸿大师的学生，20 世纪 40 年代求学于国立北平艺专，在校期间刻苦学习，品学兼优，为徐先生所喜爱、器重。徐先生曾买过他两幅作品，用这种方式资助及鼓励他学习。授课老师还有黄宾虹大师，以及李苦禅、周怀民、胡佩衡、吴镜汀、李可染、汪慎生、溥松窗、寿石工、罗复堪、秦仲文、李智超、金禹民诸先生，皆饱学之士，造诣深厚。严师出高徒，环境造就人。他在大师门下勤学苦练，如鱼得水，打下坚实的绘画功底，也在耳濡目染中接受着大师们的人格熏陶，秉承了中国传统知识分子的种种美德，谦逊好学，勤劳节俭，真诚儒雅，为

孙其峰以中国美协代表团副团长身份赴日考察。右二为孙其峰

院系领导通过孙其峰提案。左起：阎丽川、孙其峰、安步月、段光华、阚宪臣

孙其峰赴日参加“日本南画展”。右二为孙其峰

人宽厚，等等。作为书画大家，人格美与艺术美缺一不可，犹如羽翼，鸟仅靠一只翅膀是飞不起来的。历史上公认的大画家无不是德才兼备之人，为国家、为民族勇于承担之人，唯其如此，方可实现作品的精神性，情感充沛，理念真挚，格调高尚。

我们说作品的格调高，究竟高在哪里？从笔墨要素讲，就是“谢赫六法”。我读孙先生的《“六法”散论》，深感他精研不辍，对“谢赫六法”理解极深，所以运用起来得心应手。从精神层面讲，就是“形神兼备”，“凝神遐想，妙悟自然，物我两忘，离形去智。”（张彦远《历代名画记》）倪云林讲“聊写胸中逸气耳！”这个“逸气”是什么呢？是画家的修养。当然，精神性要借助笔墨得以实现。陆俨少讲：“四分读书，三分写字，三分画画。诗书画三者统一，才能成为名副其实的画家。”老一代画家都是这么走过来的，我们这一代以及青年画家们也还要这样走下去。孙先生的花鸟画以小写意为主，画面构成要素主要是两方面：笔墨语言取之传统，所画物象源于生活。他常讲：“不做造化（大自然）的奴隶，要做造化的主人。”他在创作中摆脱自然的束缚，运用自己的能力将传统与造化完美、紧密地联系起来，达到出神入化的境地，形成独具特色的花鸟图式，凝练简朴，古拙苍厚，笔随心意，生气勃勃。

20 世纪末，孙先生回山东老家招远

林间戏飞

定居，闭门谢客，潜身研究，迎来创作生涯中又一个高峰期。他的作品很多，题材广泛，无所不能。他能在岁月坎坷、极度艰苦的环境下克服困难，发奋创作，也能在条件改善、名满天下之后淡泊名利，不慕虚名，始终保持饱满的创作激情，学问愈做愈深，绘画又多又好，历经大半个世纪的磨砺，建树了非凡的业绩，其难能可贵足以令我辈钦佩和尊敬。

绘画最忌固守常态，形成一个套路把着不变。孙先生不是这样，历史上的大家都不是这样，他们想画则画，有感而发，为爱而画，画自己看到的、喜欢的、热爱的，生活丰富多彩，笔下千姿百态。这就培养、锻炼了观察物象的敏锐性、表现物象的丰富性，以及作品在宏观上的包容性，宽广、耐看、丰厚，一看就知是大家手笔、大家气象，哪怕寥寥数笔，精神已然蓬勃。他常说：“脱去古人畦径难，脱去自家畦径更难。作画贵在功参造化，妙在能时时涤荡陈趣，另辟蹊径。”这正是我辈及青年画家们所缺乏的呀！

孙其峰夫妇与参加孙其峰书画艺术研讨会的专家合影

因此，我读孙先生作品的最大感受是，从事中国画创作要力求大视野、走大道。

中国画乃中国古老文化大树上的奇葩，历经数千年发展演变而始终保持强劲的生命活力，为历代知识分子所喜爱。画家作画，陶冶情操，抒发感情，寄寓理想，在“悦己”的同时也实现着“愉人”的社会职能，美化和繁荣社会生活。画家作画，一定要贯彻自己的个性，这是必要的、必须的，但同时，画家又不能自我封闭，孤芳自赏。尤其在我们的社会，归根结底画家要靠国家和人民养着，没有人民群众的共同创造，物质财富充分涌流，画家不会有今天所获得的良好条件。我们常说做人要“感恩图报”，我觉得最重要的一条就是感恩人民，报效国家。这也是孙先生及老一代艺术家的践行。画要正大气象，人要爱国爱家，做一个有功于国家、有益于社会、为人民大众有所奉献的人，像孙先生那样，一事当前，先考虑他人。教学以外，孙先生还做了大量公益事业，培养了大批业余画家，将学生的成就看作他的骄傲。他常说：“我想建一座塔，我愿意看到他们站在塔尖上，而我就是塔基上的一块砖头。”孙先生以其

雄鹰图

隶书对联

秋趣

大半个世纪的努力，给我们留下了做事的楷模、做人的风范。

我想说的第三点是广博性。有志于中国画创作、研究，促其发展、繁荣的朋友，要以孙先生为榜样，孜孜不倦，博览群书，以学问养书画、养性情，养成高洁的情怀、淡定的状态、笔精墨妙的绘画境界。

孙先生是我所仰慕的书画大家，可惜没有太多机会当面求教于他。我听说他天津的寓所叫“抱膝小屋”，小到仅能容下一床、一桌、一橱，则余下的空间仅够“抱膝”。许多老先生都是这样，习惯于清贫、简朴，有书读、能画画就行。《聊斋志异》读了六遍，《红楼梦》读了三四遍，孙先生读了大量古典名著及中外美术史。他曾身兼数职，工作任务繁重，没有惊人的毅力很难挤出阅读时间，而唯有阅读才是获得真知灼见的有效途径。我们这代画家在这一点上同前辈画家有着明显差距。我们处在一个信息高度发达、生活五光十色的年代，见多识广不难，难在厚重扎实，坚持不懈。这个缺憾我早在浙江美院读研时就已经意识到了，试图通过“恶补”有所改善。造成差距的原因多种多样，有客观上的，也有主观上的。我想，主要是主观上的。若有孙先生那样的毅力、那样的恒定，我们应该有可能做得更好些。

我特别想说的是，我们究竟怎么样才能做一名新时期合格的文化人，思想要合格，业务也要合格，像孙先生那样，诗、书、画、印皆通，理论与实践相统一。孙先生是教育家、美术理论家，通晓画理画论，学术根基深厚。孙先生是绘画大家，曾获中国文联“第九届造型艺术终身成就奖”。孙先生又是著名的书法大家，曾获“第三届书法兰亭杯终身成就奖”。他自幼临碑习帖，勤学苦练，终至行、楷、隶、篆无所不能。最重要的是，他的书里有画，画里有书，彼此互补，相得益彰。他把字写得极富动感，生动活泼，变化莫测，其随心所欲，令人叹为观止。凡此种种，如同镜子，照出了我们这代画家之不足。我想，这也是出版《孙其峰书画全集》的意义所在，其促使我们及青年画家们看到差距，感受压力，从而奋起直追，争取后来居上。我想，这正是孙先生希望看到的景象。

2011 年 9 月 9 日

（本文选自《孙其峰书画全集·花鸟卷》，作者系时任中国文学艺术界联合会副主席、党组成员、书记处书记，现任中国美术家协会名誉主席、中央文史研究馆副馆长）

喜上梅梢

雄鹰图

飞鸟

序

文 / 王伯敏

中国书画，为民族文化之精英，历史悠久，画家辈出，各逞其长，各领风骚。

著名画家孙其峰老人，专精于艺，目极八荒。澄怀味象，穷理尽性，挥毫磊落，出笔自然，得意之作，变巧不竭。孙老平日，不暇闲思，因其既思做什么人，更思画什么样的画。他爱艺术，更爱国家。他以在艺术上的卓越成就，被我国近现代画坛尊为大家，蜚声海内外，自非偶然。

孙老长我 4 岁，年轻时（1947—1948）同窗，我们一起出入帅府园国立北平艺专之门，那时校长为徐悲鸿。孙老研究画学，我攻读美术史。新中国成立，他在北方工作，一度任天津美术学院副院长；我执教于杭州，定居于西湖。我们一别半个世纪，未曾晤面，足见“相见时难”。

孙老强学力行，践行“尺璧非宝，寸阴是竞”，是一位地地道道的苦行头陀，以至画来修养深，功底足。他说：“我无力及时行雨，也不会游荡而取乐。”又说：“上帝给我的时间，一分一秒都没还给他。”

孙老是我的学长，在专业上，同道且同行。多年前，我撰写一篇关于民间形式问题的文论，涉及多方面，其中提到色彩的审美性能及其在艺术上的运用。色彩，有时显示一个民族的标志，也显示一个民族喜庆、光荣节日的到来，以至从艺术表现中体现出民俗的崇尚和爱好。早有民谚云：“千村民俗，大红大绿，黑白分明，你我同乐。”举一例言之，如我国京戏，演三国时的关公。关公为

觅食图

菜园小景

主角，在舞台上，立当中，红面、黑须、绿袍，两边站周仓、关平，一穿黑袄，一穿白袍，背后还有一把闪亮的大刀。那时灯光开足，锣鼓一响，如是亮相，台上惊人，台下寂然，继则整个剧场，掌声震天，这演的是中国的戏。而中国画，似乎一脉相承，如画红花，几笔墨叶子一衬，墨气、韵味都出来了。又如画红白梅花，黑树枝，再打上墨色淡浑点，渍墨渍水一融合，竟使无彩胜有彩。对此，我曾欲做进一步阐述，不意一日读画，见孙老之作，竟使我喜极乐甚，少不了手之舞之，足之蹈之。盖孙老之作，画红彤彤一丛山花，墨黑黑的一片叶子，这已显出红黑朴素的强烈对比，画味画趣已足，不意他却于红花墨叶间，居然巧妙地画上一只长臂白猿在爬行。这一爬行，使一图之中的红、黑、白，自然而然地呈“三国鼎立之势”，既有民族艺术原生态的意趣，又具有时代色调的新感。画家如将军用兵，调遣一支侦察兵，神奇地越过一道险恶的警戒线。画面上的这种安排，使读这幅画的人，对这只白猿能无动于衷吗？就这样，我读孙老的画，俨若与孙老交谈各人在艺术实践上的心得，实则，这也是我们老同学在学术上的一种真情默契。也如共看十丈高山飞瀑，从烟雾中洒落下来，看了有奇险，有回味，更能开启心扉，使人的思考及于世界之外的更多变幻。噫呼兮！我心虽激动，由于辞拙，说不清、道不尽对孙老绘画的看法，只能是“知其一未睹其二，见其外不识其内”，奈何！

顷者，孙老历年的书画精品，经多位专家的选辑，又得其子女的协助，已经成册，即将出版，此为书林佳讯，也是画界的喜事。这一部书画全集，不只是一种绘画造诣的记录，也反映我国20世纪下半叶绘画界的进展。如是如是，吾欣欣然，是为之序。

2011年10月，西湖国际艺术节第二天于半唐书舍，窗前桂花犹透香

（本文选自《孙其峰书画全集·花鸟卷》，作者系我国著名美术史论家、画家、诗人）

中国画的传薪者——孙其峰

文 / 李树声

指穷于为薪，火传也，不知其尽也。——《庄子 · 养生主》

孙其峰是我国当代著名花鸟画家，并擅长书法、篆刻，同时重视并积极参与美术理论研究。1947 年自国立北平艺专毕业之后，半个世纪以来他长期从事美术教育工作，而今已是桃李满天下的美术教育家。

孙其峰曾用名奇峰，别署双槐楼主、求异存同斋主，1920 年 3 月 10 日出生于山东省招远县石对头村。少年时从家乡塾师郝子正及高文亭先生学习书法。1935 年夏考入招远中学，师从莱阳人徐人众先生学习书画。徐先生教书画颇有经验，对学生鼓励启发，指导学生极热诚。孙其峰在他的影响下，更加痴迷书画，后来绘画成为他毕生为之奋斗的事业。1941 年由于生活窘迫，他远离家乡，投奔到在北平生活的舅父王友石家。王友石是北平擅长大写意的花鸟画家。在舅父的帮助下，他谋到一份工作，在北平东珠市口一家丝绸批发门市部里当店员。他白天搞卫生、送货、站柜台，夜晚将废弃的包装纸展平，点燃自备的蜡烛，写字练画，日复一日，挥写不倦。闲时，他或到附近店铺观赏名人题写的牌匾及店堂内张挂的书画，或到琉璃厂购买书画出版物，临摹观赏。经过一段时间的努力，到 1943 年秋天，他携带数年所作书画到山东龙口举办个人画展，转年又到烟台举办个人画展，受到观者称赞，这增强了他从事书画艺术的信心和勇气。

1944 年秋天，在舅父王友石的指导和帮助下，经过紧张的课程准备，他考取了

孙其峰出生地：招远县石对头村孙家街故宅

国立北平艺专国画科，受到北平书画家指导。花鸟画受益于汪慎生、王友石；山水画受益于秦仲文、溥松窗；书法受益于黄宾虹、罗复堪；篆刻受益于寿石工和金禹民。孙其峰是在经济十分窘困的条件下学习艺术的，他特别刻苦用功，老师们对他十分关爱，热情帮助。汪慎生老师、金禹民老师让他到家里学习，免收他的学费，也不准他送礼。他们都无保留地向他传授花鸟画和书法篆刻的技艺。1946 年徐悲鸿先生到北平主持国立北平艺专工作，孙其峰又受到徐悲鸿教育思想的影响，接受严格的素描训练，为他的艺术生涯打下坚实的基础。徐悲鸿先生也很赏识孙其峰，曾收购他的作品，以资助他的学习。孙其峰在北平学习条件艰苦，冬天里住房内不生炉火，甚至刚磨好的墨汁往往写不上十几个字便被冻上。他勤学苦练，几乎从来没有节假日。1947 年他毕业于国立北平艺专，同年曾与他的同窗好友刘蔚在北平中山公园举办画展，不久又与舅父在天津举办绘画联展。

1949 年，迎来了全国解放，孙其峰此时已在高中任美术教师。1952 年，河北高

孙其峰与时任鲁迅美术学院院长王盛烈同游日本长崎

孙其峰与中央美院张世简交流画艺

孙其峰夫妇与孤儿院孩子在一起

中改组为河北师专，他被调入河北天津师范学院美术系（天津美术学院前身），从此落户津门，一直从事行政工作，从系秘书到系主任到副院长，同时又忙于教学，并坚持写字作画。目前孙其峰教授任天津美术学院顾问，兼任中国美术家协会理事、中国书法家协会理事、中国国家画院院务委员、天津美术家协会名誉主席、天津市政协常务委员会委员等职。

孙其峰艺术渊源

20 世纪以来，我国社会处于大变动当中，封建社会的解体，半封建半殖民地社会的形成，以及民主革命的进程，社会主义社会的初步建立，都直接或间接地影响着我国画坛格局的变化。因袭多年的绘画观念在变革。从民主革命的要求出发，需要绘画艺术创新，借鉴外来艺术形式成为“新”的核心。不满意这种以洋化为“新”的主张，往往被视为保守。于是“革新”与“保守”成为两个对立的营垒。100 年来的艺术实践证明，艺术的变革，特别是绘画的变革并不像先驱者们所呼唤的那么容易。现实当中存在着极为复杂的问题，并不像推翻一个政权那样一下子就能改朝换代。晚清以来，画坛早已不像过去那样为封建统治者所驾驭。流传在社会上的绘画，一方面靠绘画市场的需求影响而发展；另一方面，西学东渐以后新学倡导者的提倡与推动，促使外来画种逐渐地占据了画坛的半壁江山。西洋画与中国画在20世纪初的绘画市场上尚不成比例，西洋画只能在美术学校中占据主要地位，在市场上还不能立足。在绘画展览会上舶来品透着一种新鲜和时髦，大多属于习作的静物、风景、人体。主张以西洋画改良中国画的康有为一派与五四新文化运动的科学与民主思想合拍，树立起新观念。西洋画重视色彩、解剖、透视等科学原理，并重视写生，以此足以医治中国画的因袭模仿；再加上社会生活的变化，审美趣味受到影响，促使西画的引进成为不可逆转的历史潮流。实践证明西画是可以在中国土地上生根的，移植可以成活，但是妄想全盘西化的主张是不受欢迎的。于是一些持改革观点的人采取了折中的态度，选择了调和中西，或融合中西的做法，

双鹤图

春意

孙其峰教学展研讨会现场

这些新思潮对传统文化是一种强烈的震动和冲击。由于中国文化有着几千年的历史，有很深的积淀，就世界范围来说东方文化是一大文化体系，取代它，使之灭亡并不容易。处于创新舆论的强大压力之下，一些真正懂得和熟悉中国文化的先辈纷纷站出来提出自己不同的见解，像林琴南、金城、陈师曾、黄宾虹、潘天寿都是这方面杰出的代表。孙其峰正是这些前辈未竟事业的继承人。

中国绘画自唐宋以来，形成人物、山水、花鸟三大类别的格局。宋以前，各种绘画追求的是写实，是再现客观物象，讲究对物象深入细致地观察，先取适合表现的手段，如实地塑造物象。元以后，文人画逐渐兴盛，写意绘画成为文人画的主体。他们更多追求的是写情，抒发情感、塑造意境，超过对客观物象本身的写实追求。尽管也提倡形神兼备，但对传神的要求大大超过形体的塑造，其优秀的代表画家，把绘画推向了一个新境界。但是其末流则把绘画变成纯粹自娱的一种工具，使绘画既不为统治阶级所控制，也不为社会做贡献，而且陈陈相因，抄袭模仿，因此出现了中国绘画的颓势。正是在这种形势下，中国爆发了辛亥革命、五四运动等一系列涉及中国社会整体变革的革命运动，波及艺术的变革是很自然的趋向。在西学东渐的潮流影响下，提倡西学的舆论对绘画的衰败现象进行了鞭笞，提出了各种不同的改良方案，其中比较治病的良方集中在写生上，提倡师造化，强调造型，对文人画（特别是其末流）采取否定的态度。从当时的观点分析，基本上有两大体系：一派以康有为、蔡元培、徐悲鸿、林风眠为代表，把西学摆在首位；另一派以林琴南、金城、陈师曾、黄宾虹、潘天寿为代表，把中国绘画传统摆在首位。过去营垒鲜明，相互对峙。今天我们冷静地、细致地看看这两种对立的观点，实际上有许多相同、相似之处。譬如写生和师造化就是一致的。以借鉴西画而提倡写实主义和宣扬传统提倡师法唐宋也是同样重在写实。中国唐宋传统是什么？在艺术社会功能上主张成教化、助人伦，在表现手法上应该说是严格写实的。用写实来反对文人画的末流应该说是一大进步，但是文人画主要画家在艺术上取得的成就是不可否定的。写实要求是艺术的一种追求。写实绘画容易为人民群众所欣赏和接受，从时代的发展和演变来看未来是属于人民大众的。正如文学从文言文发展到白话文，应该说是历史的必然，当然不应该否定文言文的价值。

孙其峰走上画坛正是处在这样一个大的历史背景条件下，他的启蒙老师，基本上都是以京城为首的中国画研究会的成员，汪慎生、胡佩衡、秦仲文的观点都是从中国传统绘画观点发展而来的，主张精研古法。因此孙其峰首先受到的训练是传统技法，力图将中国绘画复兴到宋元水平。这一学派重视临摹，功力深厚，其中：汪慎生（1896—1972），擅长小写意花鸟，是京城摹古高手；秦仲文（1896—1974），著名山水画家、美术理论家，在北京山水画家中享有崇高威望，作画法度严谨、功力深厚、观点明确，不愿接受西法。在这样一些严师的指导下，孙其峰学习到中国绘画传统，掌握了传统国画的精髓。但是孙其峰所生活的年代已经不同于民国初年。1946 年以后，徐悲鸿任国立北平艺专校长，孙其峰正是艺专在校学生。徐悲鸿的艺术主张和他以前各位老师的是不一致的，而且对立到水火不相容的地步。处在这样尖锐的矛盾当中，孙其峰兼收并蓄，尽可能地学习和体会徐悲鸿先生的合理主张，不去为门户之见所囿。徐悲鸿先生主张师造化、求真，重视素描，对艺术造型特别重视。全面地看，徐先生的主张，对克服中国画的弊端，推动中国美术出现崭新的面貌是起积极作用的。至于徐先生“独特偏见，一意孤行”对传统中国画，特别是文人画否定得过多，对传统表现形式，特别是中国画笔墨继承不够，迫切求新，

林中珍品

而对旧形式的嬗变规律考虑不够，操之过急，将一些本来需要从艺术实践中慢慢解决而还没有来得及解决的问题，当成缺陷，予以全盘否定，是很不公正的。孙其峰至今认为徐悲鸿先生对他的艺术成就是很有帮助的，使他重视造型。当然有一段时间他困于“师造化”对客观现象肯花大力气追求写实，对艺术家抒发主观情感重视得不够，也使他有了一定的经验教训。但是孙其峰尊重前辈艺术家的不同观点，并尽量将五四运动以来形成的极为对立的观点统一起来，在真正的兼收并蓄当中探索前进，这就是孙其峰艺术的渊源。

孙其峰在美术教育上的突出贡献

孙其峰一生的社会职业是教书育人，工作在学校。美术学校虽然是教学、科研和创作三位一体的单位，但是凡热心美术教育的人无不把教学放在第一位。他曾经长期工作在师范院校，更加重视教育学。中国学校体制的艺术教育时间并不长，尚未有规律性的教学方法可循，孙其峰先生的教学特点，首先是他重视理论研究，努

孙其峰为天津美院中国画系张秀茹、颜宝臻等师生讲课

力学习和运用辩证法进行中国画教学。他认为绘画是有规律可遵循的。譬如前强后弱、前清后浑、前实后虚、前详后略、前重后轻、近大远小都是充满辩证关系的，他曾执笔写成《中国画论中的辩证法》（发表于《中国画》，1960 年）。

孙其峰主张不但要教学生以“法”，还要晓学生以理。“法”是“当然”，理是“所以然”，十个“当然”甚至百个“当然”不如一个“所以然”，只有掌握了“所以然”才能避免“盲目状态”。艺术作品是感觉的东西，只有理解的东西才能更深刻地去感觉。他的这种教学法和西方现代意识相比，显然是一种全新的体系，是和西方现代思想迥然不同的思路。近代美术教育基本是以西方哲学思想为圭臬的。孙其峰对学生授之以“理”的教学，对培养学生以唯物论辩证法的思想体系去观察认识表现对象，坚持现实主义的创作方法是起重要作用的。

孙其峰为了使学生在较短时间内尽快弄懂和学会，在教材选择上主张以少胜多，力求少而精。他吸收天津画家陆莘农的教学法，其核心是将要学习的对象分类，归纳出许多典型特征，重点学习，使学生做到“触类旁通”“一通百通”。例如梅花、杏花、桃花、海棠、梨花、蜡梅等都是以枝干为主，而花型也较为接近，所以选梅花为这一类型的代表。又如荷花、芭蕉、美人蕉一类，其花叶虽然不同，但从画法上可以把它们当作训练泼墨表现方法的同一类型，所以选荷花作为这一类型的代表。画禽鸟也用同样的办法。例如乌鸦、八哥、鹩哥可以作为一类；丹顶鹤、白鹭、灰鹤、老鹳等鸟的造型相近，画法大同小异，就选丹顶鹤为代表。将有代表性的花或鸟学好学透，真正掌握之后再扩展至其他，做到以少胜多、举一反三，这种教学法

岸边小景

田家风味

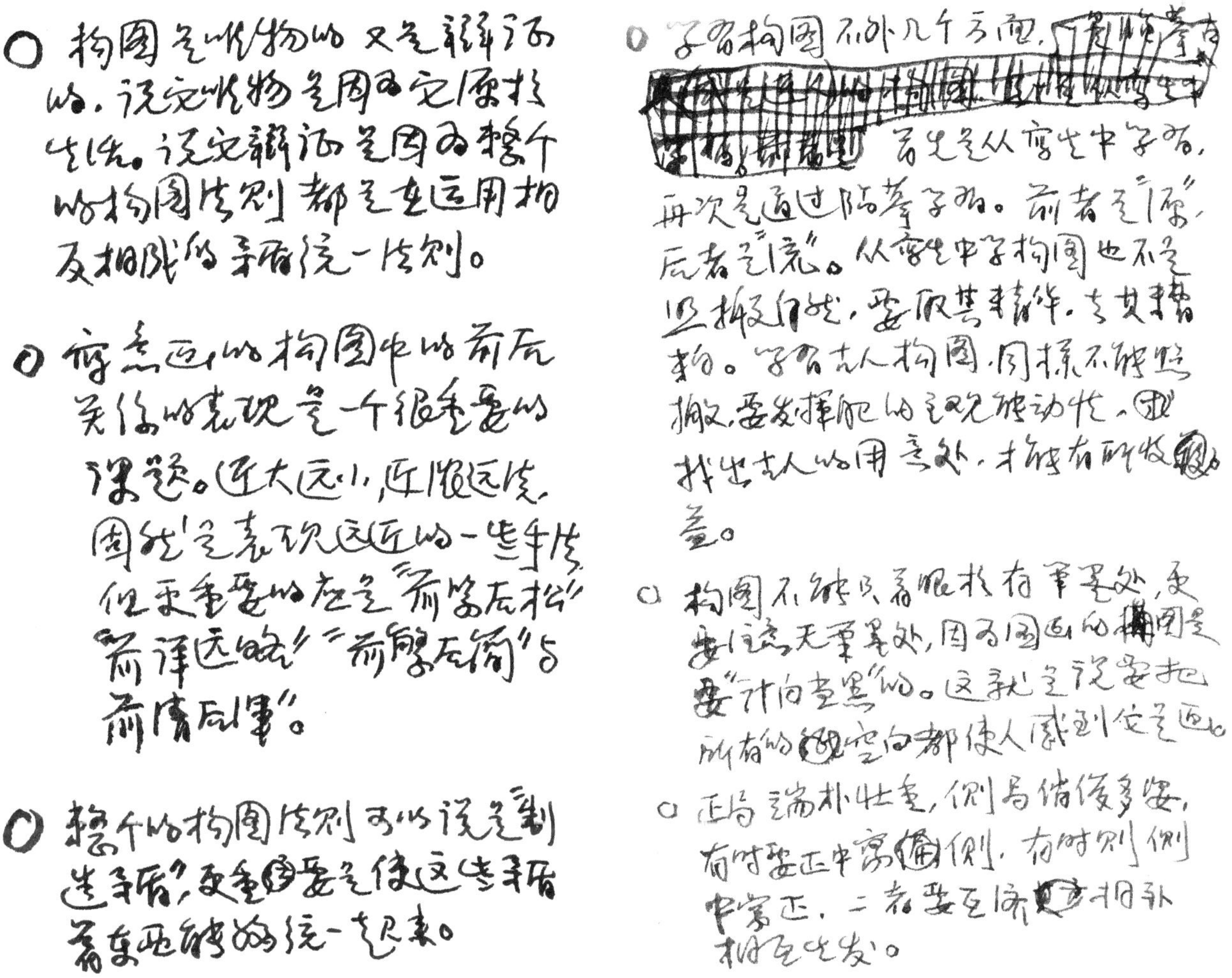

孙其峰手稿

节约了时间。譬如有 80 学时，用 40 学时学重点，其余时间巩固所学成果，这样学生有了主攻方向，将主要的知识掌握牢固，节省了时间，事半功倍。教材以少胜多，课时以多压少，是孙其峰行之有效的教学方法。

孙其峰为了使花鸟画教学更加科学化，特别重视那些带规律性的知识。他总结出“三个规律”：一是教学要符合学生掌握知识和技能的规律。按照循序渐进的原则，由易到难、由近及远、由浅入深，指导学生学，辅导学生练，一步一步加强要求，一点一点扩大“运动量”。像教练员指导运动员一样不能一下子用大运动量把学生累垮。二是教学要符合学生认识事物的规律。如国画教学中，构图是个难点，初学起来，不易理解。孙其峰引导学生多看、多学、多记别人的构图，再和学生一起在实地写生过程中练构图。一方面把自己的各种构图拿出来示范，供学生分析和参考。另一方面帮助学生修改或完善构图，增强学生学会构图的信心。然后从理论上讲解构图原理，做到化难为易，使学生随时注意构图，又经常练习小构图，迅速提高构图能力。三是花鸟画教学要符合花鸟自身的结构和生长规律。孙其峰很强调实地写生，他认为写生是学习花鸟画的起点，只有写生，才能了解大自然纷纭万状的花花鸟鸟，才能熟识花鸟的生长规律及其结构特征，也才可能谈得上艺术的概括和提炼，从而逐步达到绘画上所要求的“得心应手”和“意到笔随”的程度。

孙其峰在十分重视写生的同时也重视图谱的建设。五四运动以来，画家普遍主张写生而反对临摹图谱，认为《芥子园画传》是学画的一大束缚。这里涉及一个艺术的程式化问题。京剧、中国画都遇到这方面的问题。中国绘画长期以来，形成一些程式化表现。人物画各种线的描法，山水画的皴擦点染，花鸟画的勾花点叶，长期临摹、因袭，确实也造成表现公式化、概念化的缺点，使绘画变得只有躯壳而没有灵魂。这些弊端不是不存在，问题出在因为存在弊端而彻底否定绘画的程式，如同泼洗澡水连同婴儿一道泼掉一样的滑稽。程式是长期艺术实践中形成的表现形式，用现代符号学的观点来看，程式也就是一些符号。符号和内容是什么关系，内容怎样通过符号得到表现，确实是应努力探求的问题，但绝不等于取消符号。形式的嬗变是个长期的问题，因此才有民族形式的形成。中国绘画程式化的表现应该看作是民族形式的一个方面，民族形式是在不断实践中形成的，但不是一成不变的，不过要认识形式的变革是一个渐变的过程，而且是在人们的审美习惯可以接受范围内的渐变过程。突变的可能性是有的，突变之后为多数人接受并不是容易的事。学画的人要不要掌握入门的程式？社会上明显存在两种不同的见解。孙其峰先生是主张学习的，所以他才热心于图谱的修订和创建，并且不断为谱学的完善添砖加瓦。实践证明他所绘制的《孔雀画谱》《花鸟画谱》都很受欢迎。由天津一个印染厂把它们印刷成册一下子行销上万册，这反映出了社会的需要，满足了广大学画爱好者的需要，有利于花鸟画的普及，有利于满足工艺美术印染、织染等图案设计的实际需要。孙其峰在普及美术方面做了大量工作，满足了社会在这方面的需求，因此他得到了群众的拥戴和信任。从临摹画谱开始进行学习应该说也是一条道路。陈毅同志在《荣宝斋画谱》前言中肯定了这种学习方法，把它看作和写字临帖是一样的，掌握到一定程度再走向新的创造和个人风格，较于一上来就对景写生更利于学生掌握基本技巧。当然将临摹与写生交替进行，可以更加开阔眼界，锻炼自己迅速成长。临摹是继承前人的极好途径，艺术不可能从零开始，不完全落入古人窠臼任何时候都是对的，但没有学走就去学跑在任何时候也是不现实的。

双鱼图

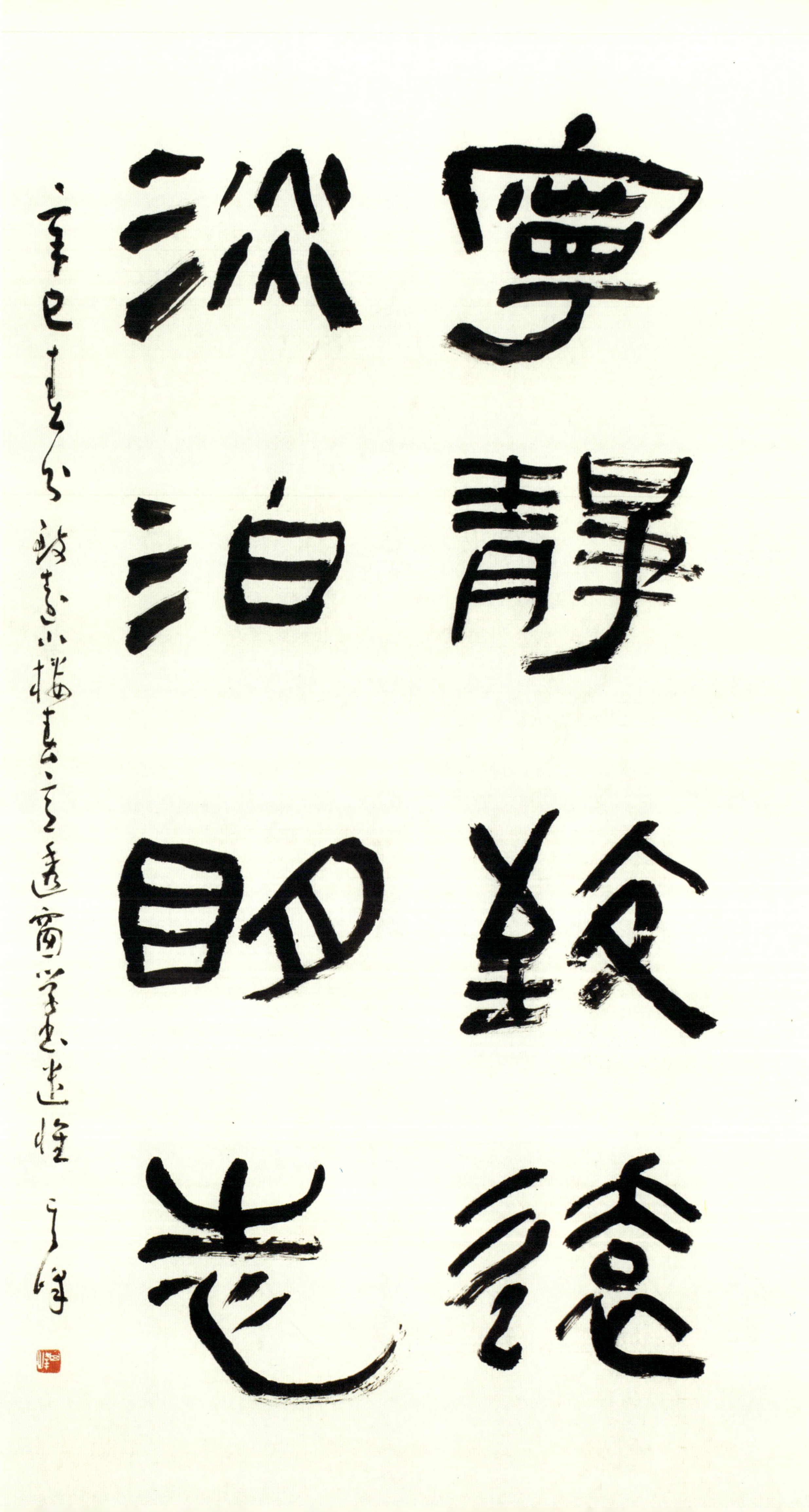

宁静致远　淡泊明志

花卉速写稿

孙其峰的艺术成就及特色

孙其峰的人生追求、奉献精神和他长年的教书育人都直接、间接地影响着他的艺术成就。孙其峰的艺术是从勤奋苦学中得来的。他常说自己是一个业余画家，因为他一直担任繁重的教学任务和系主任、副院长等行政工作，要出席大小会议，安排各项业务活动，然后挤出时间来坚持画画。他对绘画的兴趣，如牌友对打扑克，有点条件就能干。别人打扑克着迷，他画画上瘾，从来没有休假日，一有空就投身于书画实践中。经过几十年的努力，他终于在绘画的小写意花鸟画领域崭露头角，享誉国内外。

能够在花鸟画领域取得成就，对一位从 20 世纪五六十年代走过来的艺术家来说显得格外不容易。因为新中国成立之初，在文艺政策上是有偏颇的。从战争年代形成的革命文艺观念是十分重视艺术的教育作用，而对传统的文艺一律称为旧文艺。对旧文艺实行改造在当时成为大势所趋，加上艺术市场的解体，从事花鸟画的艺术创作可以说是最没有出路的行业。许多艺术家为了谋生，只好改行去为工艺美术画宫灯、书签和染织物图案。后来经过自上而下的纠正，特别是“百花齐放，百家争鸣”方针提出并实施以后，花鸟画勉强进入无害作品之列。经过 1958 年花鸟画有没有阶级性的大辩论，到了 20 世纪 60 年代初花鸟画才在一些老画家努力争取之下，获得一定社会地位。不久“文革”开始，传统艺术再次被打翻在地，几乎成为无法再从事的行业。从旧社会就投身革命向往新中国的孙其峰，为艺术开始被列为“白专”典型一再遭到批判，进而被扣上“走资派”“反动学术权威”“牛鬼蛇神”的帽子。在强大的政治压力之下，孙其峰埋头磨炼手中的毛笔，以不停的练画作为沉默的抗议，终于迎来 1976 年全国人民的第二次解放。经过拨乱反正，孙其峰恢复了正常生活，他的艺术创作才得到了充分展示，他的艺术创作高峰才逐渐到来。

我国花鸟画自唐以来形成独立的画种，长期以来以五代黄筌和徐熙作为两种绘画风格的代表，人们时常讲到黄筌富贵、徐熙野逸。现在能见到的黄筌作品是典型的写实类，而徐熙作品已见不到真迹，但他使用没骨法，作品飘逸自然，更加受到历代文人画家的青睐。明、清以来写意花鸟画出现，形成工笔、写意花鸟相对峙的两大派别。后来在工笔、写意之间又增加半工半写，或者说兼工带写的花鸟画，以明代林良、吕纪为代表，清代华新罗、任伯年也属于这一派。辛亥革命以后，以小写意见长的画家日渐增多，京城的王梦白、汪慎生、颜伯龙、王雪涛、张其翼、李鹤筹、郭味蕖，上海的江寒汀、唐云都以此见长。孙其峰正是在这些前辈画家的影响下，继承和发挥了小写意的传统，并且取得了独具的特色。小写意绘画一般以“形神兼备”为原则，以“雅俗共赏”为目标，较为重视事物自身的情态和生长规律，又在笔意上、情趣上受到文人画的影响，但在造型和色彩处理上更平易近人。孙其峰的绘画特色，一是以墨线造型，特别是画鸟，线条的表现力极强。数笔之后，形体、结构、质感、动势表现得十分准确，笔墨与表现对象完全融为一体，不露笔墨痕迹，而能把形象表现得栩栩如生。这种造诣和功力是孙其峰花鸟画艺术水平的基础。二是画面构成朴素、自然，多少保留着生活真实的影子，使欣赏者容易进入画面境界，没有什么狂、怪的艺术手法，也不以奇、险取胜，就是在平凡中赢得观众喜爱。作品耐看、境界深邃、耐人寻味，有时流露出诙谐与幽默的情趣。他所塑造的形象如白鹰，神态逼真，以黑岩红枫反衬的手法表现出白色羽毛的特征，远看形象突出，

喜上梅梢

三蔬图

近观功力严谨，一丝不苟，将素雅与雄浑融为一体，使人感到一种深沉和淳厚的美感。他画的松鼠，顽皮可爱，飞鹰和麻雀形象形成强烈反差，其他各种鸟兽也都特征明显、生动可爱，注入了画家浓浓之情感。色彩搭配恰当，主要形象大多处于画面突出位置，可以一下子进入观者眼帘。配景大多以石头、树丛、竹林、花卉相互配合，组成大自然的交响乐章，使欣赏者心旷神怡，领略自然界无穷乐趣，使人的精神得到净化和升华。花鸟画的作者通过画面形象与欣赏者进行感情上的交流。孙其峰正是把他正直、真诚、心怀坦荡、无私无畏的精神世界熔铸在画面当中。他的人格就是他的绘画灵魂，他的知识和修养构筑了他的绘画格调，因此他的绘画品位是高尚的，那些庸碌世俗之辈是永远无法企及的。

孙其峰的花鸟画在社会上取得很大反响的是他与学生霍春阳合作的《山花烂漫》。这张画原本是到泰山去画的一张写生稿，连翘树长在岩石上，开出很鲜艳的黄花。这张春光明媚、山花烂漫的画，画成在粉碎“四人帮”之后，充分体现了亿万人民群众的心声，因此深受群众喜欢，印刷发行量极大，也是我国当代花鸟画取得社会共鸣、真正能够体现其社会功能的标志。这也是对花鸟画只是无害作品论的一次有力的反击。孙其峰的绘画题材很宽，除花鸟画之外，他有时也画山水。这些创作为孙其峰20世纪80年代创作高潮的到来铺平了道路。

孙其峰在绘画上取得了突出的成绩，在书法、篆刻上成就也是不凡的。他从20世纪40年代初就开始临摹《史晨碑》，进入国立北平艺专之后又临过《张迁碑》《曹全碑》《华山碑》，并且临写过《唐孙过庭书谱》和“二王”的一些行草帖，接受书法家寿石工和罗复堪的指点，并向金禹民老师学习治印和印纽制作。20世纪60年代以后开始担任书法课教师，为了备课也曾广泛涉猎小篆和魏碑。近年来出土的简书越来越多，竹简上的字大多是汉隶之前的，并非书法家的书法，却是形成汉隶前后的一种书法形式，虽然良莠不齐，但可以选择美的形式学习和借鉴，融入原来掌握的隶书自成一格，这就是近些年孙其峰先生在书法上的追求，而这也使他的书法不同于古人和一般书法家的。他以简书融入隶书，形成新面貌之后，得到社会各方的肯定和赞誉。他的新书体字势横展、波磔突出，严谨中不失飞动意趣，融入简意之后，他的书法更加古朴、淳厚、洒脱，渐入老境。

孙其峰有很好的篆刻基础，受业于在治印上很有声望的两位名家寿石工和金禹民，他从汉印入手，上溯周、秦，并喜欢以汉隶、魏字入印。由于客观条件，他的治印爱好未能坚持不断。为了教学需要，他又时断时续地重操旧业，他称自己为“动

孙其峰中国画教学展开幕式

刀不多，用脑不少”的业余篆刻者。但他治印的态度是严肃的，对笔法极其认真，对章法更是不断探索。他时常探求一些不规则而富有变化的周、秦风格的章法，用来从中体会贯通花鸟画的构图原理，同时在处理花鸟画的章法时，又常常从治印的章法中“引渡”一些虚实、强弱、繁简、疏密、纵横、俯仰等关系，把画的构图当图章看，或把图章当画看。从两种艺术形式的“不同”中找到“相同”的东西，从而把绘画、书法、篆刻统一起来。

孙其峰先生利用一切可以利用的时间读书学习，甚至有病输液的期间也在看书。他博览群书、涉猎百家、喜欢京剧、能拉胡琴，对绘画理论问题，勤于思考。平时他总是把得之于实践和观赏中的思想火花记录下来，写成札记随笔并不断写些文章，在报刊上发表。他在《谈谈花鸟画的发展问题》一文中将写意花鸟画的形神关系概括为十六字：“不求形似、不离形似、貌离神合、似非而是。”他认为“不似而似”“遗形取神”“离象而求”“得之象外”“物外求似”“牝牡骊黄之外”等说法都是“写

白孔雀

溪边小景

意”这个课题很好的注解。他对传统画论形神关系的理解基本上是采取“遗形取神”的观点，因此他主张不求形似，但也有一个限度就是“不离形似”。完全离开形似就不再是具象绘画了，问题的性质就变了。“貌离神合”“似非而是”是“貌合神离”“似是而非”的颠倒，表明他追求的是神合，而不是貌合。貌合只是表现的似而不是艺术的真实，因此不可取。他的十六字诀是对写意花鸟画形神理论的高度概括，也是他对“写意”绘画的独具见解的诠释。

他对“意境”“文人画”等美术界存在意见分歧的问题，都曾发表过个人精辟的见解，他一向尊崇传统，但并不泥古文化，而是积极倡导推陈出新的实干者。他主张学传统要“挑肥拣瘦”“取其精华”“在传统基础上稳扎稳打”，反对“在一夜之间摇身一变，另起炉灶”。正是因为他观点明确，行动起来用不着左顾右盼才能勇往直前地探索前进。

孙其峰在绘画、书法、篆刻中共同追求的是民族的精神、民族的审美习惯。中国传统美学的“天人合一”观点、“形神兼备”主张、“外师造化、中得心源”的辩证统一，对气韵生动的追求，讲抒情、重意境，以及中国特殊的笔墨纸砚等工具，长期形成的笔墨趣味都是很有特色的。当一些对传统美学精神有研究的前辈艺术家相继逝世后，孙其峰接过民族艺术这面旗帜，在他的艺术中加以继承和弘扬，他成为20世纪下半叶继承民族艺术的传薪者。传统美学精神得到弘扬是中华民族兴旺发达的体现。他历尽艰辛、披荆斩棘，应该说是一位成功者。让中华民族文化瑰宝能够得到发扬而不致泯灭，是华夏子孙共同的心愿。孙其峰坚信，艺术越是民族的越能走向世界，因此他的脚跟坚定地站在民族的沃土上。他非常反对特技，他认为画画是以人为主，不能以特技为主，有些玩弄特技的作品应被看成技术而不是艺术，反对用技术性代替人的脑力劳动。他还认为：强调创新有积极意义，但是不能说新就是好。新的东西不一定好，要有高质量、高品位的艺术作品问世，才能不断满足人们的精神生活需要。

孙其峰先生是那样的平凡而亲切，从不摆什么大艺术家的架子，他默默地耕耘在艺术园地当中。他是那样无私地帮助别人，让年轻人掌握好绘画和书法的技巧，他处处在“给”、在奉献。他确实吃的是“青草”，而挤出来的是“牛奶”，他的成就和贡献远远超过写在纸面上的文字。祝愿他的艺术劳动和智慧的语言产生更加广泛和深远的影响。

2004年12月

（作者系时任《中国艺术报》总编辑）

以神遇而不以迹求

——孙其峰先生山水画

文 / 郎绍君

孙其峰先生以花鸟闻名，兼能山水。但在展览和画册中，很少看到他的山水画。不久前，获知要出版先生的山水画集，又惊又喜！这些山水，皆其女儿平日拾藏，有笔画，有指画，时间跨度约是20世纪70年代末到21世纪初，特别在幽居招远那10年（1996年至2005年）。家乡的山光水色，激起了他的创作热情，所以留下的作品最多。从画上题跋如“习画日课”“临古习画”“写旧游印象”“学作指头画”“教学小稿”“写故乡小景”“信手草草”“出游客中所作”“戏墨”等中可知这些山水画并非刻意经营而成，不是“任务”，更不是“定件”，而是心闲气定、随手勾画、任笔点染之作，所以笔松墨静，即使逸笔草草，也别有一种清宁自在、萧散简远之意在。

其峰先生自谦不长于山水，其实他对山水是下过真功夫的。早年从王友石、黄宾虹、秦仲文、刘子久等学过山水，也曾师法古人如倪瓒、石涛等的画法，又曾多次到太行、黄山、巴蜀、南粤等地游观写生。我至今还记得1959年先生在昌黎为我们上山水写生课的情景。此外，他的大量论画笔记，有相当一部分是论述山水画的。他在主攻写意花鸟的同时，始终关注着山水；在教授花鸟的同时，也关心着山水教学。在他看来，山水和花鸟相通相连，你中有我，我中有你。无论是笔墨语言还是精神传统，都有着内在一致性。因此，他常以山水滋养花鸟，又将花鸟的笔法、意趣融入山水。而融山水花鸟为一的典型作品，莫过于他的“飞鸟归林图”系列。

“飞鸟归林图”系列，在这里是指其峰先生以树林飞鸟为主题的作品。本画集（指

孙其峰写生

《孙其峰书画全集 · 山水卷》）所收录的《飞鸟归林图》《飞鸟出林图》，以及题为《鸦带夕阳归》《新月出林》《余阳古树》《归鸦图》《归林图》《暮雪归鸦》《古木喜鹊》《疏林秋月》《秋林闲步》《秋意图》《秋声图》《平林雪霁》《月落乌啼霜满天》《春意初浓》《春在枝头》《春意十分》《昌黎春浓》《红杏枝头春意闹》等60多幅作品，皆可纳入此系列。大凡秋景春色、枝头鸦鹊、群飞群落、出林归林，一一收入笔底，境界相近而各个不同。它们远承古代寒林图，又自出新意，表达出画家对自然的真实观察与感受。先生生长于齐鲁丘陵地带，那里四季分明，林木繁茂，乌鹊群飞，他从中获得了充满诗情的记忆；先生又始终在京津地区工作，对北方大地特别是秋冬和初春景色有特别的体验，一画再画，百画不厌。这些作品以山水为主体而兼花鸟之意。其画法，皆以精熟苍劲的草书或行草笔法出之；其意趣，一变孤寂荒寒而为繁茂喧闹，寒而不荒，充满自然生命的活力。在一幅《仿倪瓒山水》上，先生题曰：

红树秋山

“己卯秋日，拟云林子而略去其荒寒之意，缀以人物。”这正流露出画家积极入世、乐观向上的人生态度。在20世纪山水画史上，这些从意境、画法两方面把时代特色与传统精神融为一体的作品，有不可替代的价值。

其峰先生画花鸟，总是力求形神兼备，重视结构、比例，甚至透视的准确描绘，而不以变形、装饰为宗。这源自小写意绘画的主流传统，亦与先生曾师从徐悲鸿有关。但先生画山水，则以意求之，不取一丘壑的形似，如苏东坡所说，求其常理而不求其常形。其《题黄山图》曰：“吾画黄山，不知其何峰，亦不知其何名，但求神似，不为迹缚。”“但求神似，不为迹缚”8个字，恰当描述了他的山水画追求。大致说来，其山水画，可分相对疏朗恣纵的意笔之作、相对繁密工整的勾皴之作、意笔勾点加淋漓泼墨之作3大类。小笔、秃毫，率多以行草入画，随着感觉笔笔生出，而不斤斤于斧劈、披麻诸皴法，忽平远，忽高远，忽深远，或兼而有之，画法多变，不拘一格，而又不失其规矩法度。先生向以教书育人为己任，他的花鸟、山水和书法作品，在抒情寄意的同时，常常自觉不自觉地流露出适应教学、传授画法的热情。这些山水虽非为教学而画，但种种笔法、墨法、点法、构图法俱在其中，作为教材和范画，不似画谱而胜似画谱。它们的出版，给美术学子以亲授般的指导，是可以期待的。

在画集付梓之际，先生嘱为序文，仅以上述点滴感想就教于先生和读者。

庚寅冬于两顾楼

（本文选自《孙其峰书画全集·山水卷》，作者系著名美术评论家、中央美术学院教授）

鸟鸣山涧

归鸦图

“外师造化，中发心源”的山水画艺术

文 / 吴守明

孙其峰教授是一位勤奋刻苦、博学多才、造诣高深、德艺双馨的艺术家。他致力于书画艺术实践80多年，坚持不懈地苦苦追求，创作书画作品数万件，在中国画、书法和篆刻艺术上取得了杰出的成就，举世瞩目。他从事美术教育60余年，除在天津美术学院任教外，还到全国各地讲学，加上业余辅导培养数千名学生，真可谓桃李遍天下，是位功勋卓著的美术教育家。

我从1956年9月跨入河北师范学院（天津美术学院前身）校门，孙其峰先生便给我留下和蔼可亲、热情质朴、平易近人的深刻印象。他当时担任美术系秘书，兼教学。孙先生在教学上方法灵活，语言丰富而幽默，使知识易学易懂，学生易产生兴趣。我在校5年当中，他给我们上过美术欣赏、透视学、美术字、花鸟、山水、书法等课程，1959年春天还曾带领我们到河北昌黎果乡深入生活，并亲自指导我们山水写生。

孙其峰先生以小写意花鸟著称于世，创作了数以万计的花鸟画作品。与此同时，他也画了不少山水画。他在20世纪50至60年代曾与王颂余、刘君礼等先生合作《密云水库》《山海关》等巨幅山水画。《中国美术全集·现代卷·山水册》（人民美术出版社出版）和《中国现代山水画全集》（河北教育出版社出版）都收入了他的山水画作品，孙先生出版的个人画集也有山水画作品。十几年前孙先生曾自谦地对我说：“我的山水画没有画出来！”我理解他当时的意思是他认为自己画山水画虽然熟练地掌握传统技法，但个人风格不够突出。他在山水画上不断地追求更高的艺

山水小品

术境界。下面我从几个方面谈谈孙其峰先生山水画的艺术特点。

一、对历代山水画有深入的研究，熟练地掌握传统技法

我们从孙其峰先生的山水作品中可以看到他对唐、五代、宋、元、明、清各家各派的山水画都做过深入的研究，理解至深，特别对唐代王维，五代董源、巨然，宋代郭熙、夏圭，元代黄公望、王蒙、倪瓒，清代石溪、石涛更是情有独钟。孙先生对传统山水画构图有自己的独到见解，能巧妙运用郭熙的“三远法”（平远、高远、深远）。他说：“学构图要深谙其‘理’，而不要囿于其‘法’。‘经营位置’

既有尊重客观的一面，又有发挥主观能动性的一面。客观对象本身是存在着‘位置’关系的，但自然状态的东西，毕竟不是艺术，所以需要画家去‘经营’一番。只有‘经营’了的‘位置’，才能高于生活，成为艺术的构图。”（引自郎绍君、徐改编《其峰画语》，人民美术出版社出版）孙先生的山水画构图是“平中寓奇”或“险绝于平奇”。孙先生能全面掌握传统山水画的笔墨技法，从他的作品中能看到他熟练地运用云头皴、披麻皴、解索皴、折带皴、雨点皴、米点皴、乱柴皴、拖泥带水皴等技法，有时还能将几种皴法混合于一幅画之中，结合自然，达到和谐统一的效果。孙先生在山水画用墨上能熟练地掌握积墨、泼墨、破墨等多种方法，用色上能把积色、泼色、破色等方法生动地表现在对象上，在染法上对勾染、点染、皴染、罩染、渲染，

山水小品

无不精通。

二、书法入画，长于用线

孙其峰先生的山水画得益于他的花鸟画和书法的笔线功力，他对“书画同源”有深刻的理解，正如元代赵孟頫所说的“石如飞白木如籀，写竹还应八法通。若也有人能会此，方知书画本来同。”孙先生在山水画作品里特别擅长用中国画的笔线造型，用变化丰富的笔线来刻画山石、树木、流水的生动形象。大块泼墨用得不多，他的许多山水作品是表现春、秋、冬季的裸露枝干的树，如《春在枝头》《飞鸟出林图》《四喜图》《秋声图》《初月出林》《鸦带夕阳归》等，用中锋、侧锋、顺锋、逆锋、散锋、拖锋等既凝重又流畅、变化丰富的笔线表现各种树木生机勃勃的姿态。表现各种物象他都能信手拈来、挥洒自如，表现山石的各种皴法运用自如，表现水的波纹的线条灵动。孙先生创造了极富形式美感的中国画笔线。他的画作以书法笔法入画，从不玩弄雕虫小技，没有雕琢造作之习气。

三、“外师造化，中发心源”“天人合一”

“外师造化，中发心源”“天人合一”是孙其峰先生山水画创作的理念。他笔下的山水画虽然明显带着历代传统山水画的各种程式皴法，但仍有现代的生活气息和时代的精神风貌，他很巧妙地从生活中得到灵感，在表现方法上也能在传统的基础上推陈出新。他一贯主张山水画要“外师造化”，但重在“中发心源”，不照抄自然，不做自然的奴隶，而做自然的主宰。他在《砚畔随想》中写道：“学画不外三个源泉，一是师造化，二是师古人，三是发心源。师造化是总根子，是第一手的东西，师古人是第二手的，古人也是师造化出来的。”“发心源即发挥自己的主观能动性，这是起主导作用的一条。造化本身不是艺术，它只是创造艺术品用的素材。师造化不是克隆大自然，而是经过发心源的创造。笔墨、构图、设色，不是只从师造化来的，也是从师古人来的。”“善发心源的人，才能在师造化中不囿于造化，自出手眼，也能师古人而不困于古人，自成一格。”（引自郎绍君、徐改编《其峰画语》，人民美术出版社出版）他不提倡如实对景写生，1982 年夏天我陪孙先生在北戴河东山宾馆作画期间，在鸽子窝写生时他当场指导我说：“山水画写生，画到百分之五十就够了，另一半靠自己的主观发挥。”他还说：“不要让自然科学（如解剖学、透视学、色彩学等）去管艺术，只有艺术家的心源（大脑）才是艺术的真

峨眉残雪

正管理者。”（引自《砚畔随想》）孙其峰先生的山水画达到了“天人合一”的艺术境界。

四、在山水画创作上运用“对立统一”的辩证法

孙其峰先生早在1959年12月《中国画》总第十五期上发表了《关于民族绘画传统中辩证法的运用》的长篇论文，论证了中国画从构图造型到笔墨运用处处都是“对立统一”的辩证关系。他自己在中国画（包括山水画）实践上始终坚持“对立统一”“相反相成”的辩证关系。如构图的宾主、平奇、纵横、虚实、疏密、繁简、藏露、有无、开合、争让、阴阳、向背的对立统一关系；物象的大小、长短、交错、穿插、粗细、虚实、黑白的对立统一关系；用笔的急徐、轻重、刚柔、方圆、提按、偏正、详略、粗细、顺逆、转折、顿挫、虚实的对立统一关系；用墨的浓淡、干湿、苍润的对立统一关系；用色的冷暖、厚薄、浓淡的对立统一关系等。绘画上对立统一关系也就是对比和谐关系。孙先生在山水画上将对比和谐关系处理得恰如其分，所以他的山水画看上去既强烈又和谐，达到寓情于景、赏心悦目、心旷神怡的艺术境界。

孙其峰先生治学严谨，心态平和，勤奋好学，虚怀若谷。他对中国古代的画史画论和历代画家的传世作品都做过系统深入的学习和研究。他不仅熟练地掌握古代各家各派的山水画技法，还对近现代山水画名家进行研究借鉴，吸取众家之长，如黄宾虹、萧谦中、萧俊贤、傅抱石、潘天寿、张大千、吴湖帆、秦仲文、吴镜汀、胡佩衡、刘子久等前辈及当代王颂余、刘君礼、孙克纲等。孙先生的山水画继承和发展了传统的南派画风，气韵生动，意境空灵。他的山水画也融会了北派山水的骨脉雄强、气势博大的优长。他的山水画和花鸟画一样以丰富的笔线为主旋律，擅长勾、皴、擦、点、染，一气呵成，墨韵在运笔中产生，最后用淡墨、花青、草绿（或石绿）、赭石补染或复勾。孙先生真正做到了读万卷书，行万里路。他是书、文、画、印全能的艺术大师和卓越的美术教育家。孙先生以深厚的传统积淀、丰富的生活积累、严格的造型训练、纯熟的笔墨功力、广博的文化修养、高深的艺术造诣、融会贯通的聪明才智形成了他自己的审美情趣，认识自然和生活，“外师造化，中发心源”，将传统、生活融会在自己的“心源”之中，创造了意境清新，形象生动，笔墨酣畅，以情写景、以景抒情的既有传统又有时代气息的山水画风，为当代山水画艺术增添了光辉。

2011年11月28日于石家庄海阳斋

（作者系河北省山水画研究会首任会长，河北美术学院教授）

守梅图

两小无猜

景不盈尺　游目无穷

文 / 陈　因

孙其峰是我国著名的花鸟画家和美术教育家，他的花鸟作品早已闻名遐迩，饮誉中外；美术界对他的艺术成就也有过翔实、全面的介绍和评论，无须我来赘言。但是近来翻阅了他不少描绘在扇面上的山水画，看了他《评自己画的一些意见》的来信，便又思绪浮动，禁不住想说几句也许是多余的话，为有兴研究、学习其人其画者提供一点材料。

一

画家早年在国立北平艺专就学时，原为山水画专业的高才生，结业后，只是由于教学的需要，才长期从事花鸟专业，因此，他的山水作品，虽为数不多，但大都功底深厚，基础扎实，尤其在运用传统笔墨技巧方面，更有其独到之处。

创作扇画《遥望莲花峰》等作品，画家以遒劲多变的笔墨，紧写慢点，挥洒自如，或短笔层叠，或侧笔砍斫；笔尖、笔肚、笔根交错使用，干笔、湿笔、圆点、平点，疏密有致，时而淡墨轻拖，时而浓墨重破，熟练地刻画出不同地区山川的特点和风貌。有的云水苍茫，草木华滋，一派江南景色；有的山势沉雄，危岩绝壁，尽显北地风光。从这些作品里不难看出画家高超的笔墨技法。我觉得他对笔的轻重、粗细、提按、顿挫、方圆、转折、曲直、正偏（锋）……的运用，已是得心应手，炉火纯青，几如清人邹一桂所说：“笔笔是笔，无一率笔，笔笔非笔，俱极自然。”笔中蕴含着内力和

孙其峰创作中

激情，畅而不滑，涩而不滞，含而不露，拙而不刻，具有很强的表现力，充分发挥了笔墨造型传意的特有功能。笔墨在他用来，不仅仅是造型的手段，而且有了相对独立存在的审美价值。偶尔单看他的笔墨，常常也能给人以飘逸奔放、古朴典雅之美的享受，而他腕下的艺术形象就更加蕴藉多姿，生机盎然，近观远眺，味之无穷。有时几棵小草，一块顽石，也经得起反复咀嚼，令人爱不释手。可见画家的功力何等深厚。

他的笔墨功夫和成就，首先是来源于他对国画传统辩证的态度，来源于他长期的教学生涯和不断的艺术实践，也来源于他对事业锲而不舍、勤奋刻苦的态度，来源于他虚怀若谷、精益求精、不断探索的精神。

自谢赫在《古画品录》中提出“六法”以来，笔墨技法向为历代画家所重视，直至现代，仍然被视为国画技法中的首要技法。已故著名画家潘天寿认为笔墨“是东方绘画之精髓”。许多画家和美术理论家，一直在不断地研究探索，继续总结笔

飞鸟出林图

野趣

墨技法在艺术实践中的宝贵经验。孙其峰一向重视笔墨技法的研究，认为：“笔墨是民族绘画中的一个重要问题”，“不能把笔墨的意义只局限在造型手段一面，而忽略笔墨作为一种形式的相对独立的一面”。这个“相对独立的一面”，确实不容忽视，因为它是客观存在，是构成国画韵味的一个主要因素，而韵味和情趣往往是形成画家不同风格、品评作品高低的一个不可缺少的依据。笔墨作为一种造型手段，既然由人来掌握和应用，它便有其主观性的一面，绝不能受客观的局限；但是，也绝不能忘记它的客观性。笔墨技法毕竟只是国画艺术中一个特有的造型手段，而不是目的，若把追求笔墨趣味当成国画的唯一目的，从而玩弄笔墨，使笔墨游离于形象之外，或对笔墨故弄玄虚，使其不可捉摸，或将胡涂乱抹视为笔墨的创新和发展，无视造型艺术的根本要求，那势必会走向反面，不是使笔墨脱离群众、脱离时代、脱离生活，陷入形式主义的泥坑，便是使笔墨凝固不化、停滞不前，进而衰亡。

笔墨技法，是随着时代的不断变化，随着不同时期群众审美趣味的不同要求，随着客观景物的日新月异，随着社会生活的丰富多彩而逐步发展起来的。由朴素稚拙的原始状态进到现在具有审美价值的高度，是经过了漫长道路的。因此，对笔墨既要看到它的继承性，又要看到它的发展性。孙其峰对此早有明确的见地，他认为：“割断传统，或者置传统于不顾去另起炉灶的做法是危险的。发展是要在传统的基础上前进。这是跑接力赛。”同时他又极力主张笔墨的革新和发展，他说：“既要人家出新，就不要怕出现一些野、怪作品，是野是怪要让群众评定。”“即便采用一些新技术、新工具，也不能目之为‘左道旁门’。”

孙其峰在长期艺术实践中，对于传统笔墨的继承发展，成绩显著，但他并不就此停步，常常以苛刻的目光审视自己的作品，寻找弱点和不足。他曾说：“我的花鸟画因受长期教学的约束，不能过分恣纵奔放，因为教学就得规规矩矩的，所以我的花鸟画的风格是规矩谨严有余，恣肆豪放不足，这是一。二是我的墨法不足，或者叫作笔胜于墨吧。”他认为自己的山水画“一直处在业余状态下，所以在更新上没跟上时代，显老气了”。他还说：“如果说我的花鸟画受自然形态的束缚过甚，那么我的山水画的缺点则是受传统技法约束而未能自出新意。”他在一幅山水扇画的题记中也有过同样感慨：“偶以枯墨渴笔写此，虽未必酷似某家，然亦未能尽脱古人蹊径也，奈何，奈何。”

这自然是过谦过苛之辞，不过这种永不满足、严以克己、执意奋进、不断探索的求新精神，实在难能可贵，值得敬佩和学习。翻开历史的篇章，看一看古今中外所有一切获得巨大成就的艺术家，无不是在这种精神激励之下，为人类文化事业的发展做出辉煌贡献并攀上宝塔顶点的。

二

孙其峰的山水作品，多为册页和扇面，人称“小品”。虽为小品，但给人的感觉不小，画面上或重峦叠嶂、蜿蜒起伏，或江海茫茫、一望无垠，颇有咫尺千里之势。这在他以三峡为题材的作品里，颇为明显。

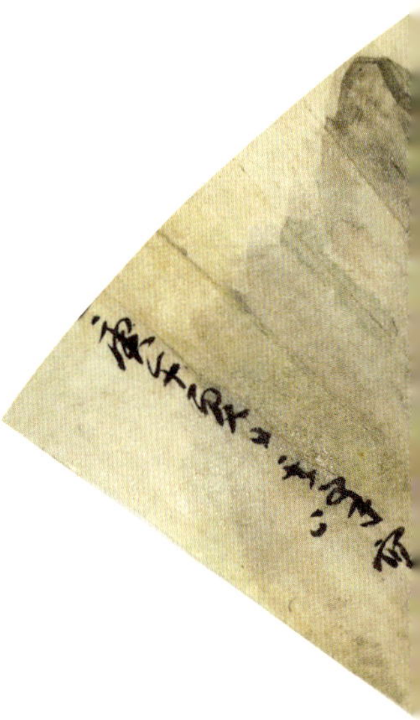

三峡是古往今来之画人酷爱描绘的名山大川，它以美妙神奇的雄姿吸引着无数文人画士为它讴歌敷彩，名文名画迭有出现。孙其峰畅游三峡，饱览山河风光，目识心记，积累了不少素材，孕育出种种生动的画面。《巫峡雾重》《大江东去》《江流有声》《月涌大江流》等作品相继问世。画家怀着饱满的激情，以简括的笔墨，巧妙的构图，在方寸之地，纵情挥洒。于是博大浩瀚的气势，变化万千的景象，新颖深邃的意境，便跃然纸上，夺人心目。

《巫峡雾重》一画，虽未题诗，但诗意很浓。画面的近景是一块未经江水冲刷的岩石，峭拔奇丽，雄阔凝重，宛如一座巨大的雕像，手擎灯塔，高瞻远瞩，为千万游船指引航向；江心一叶渔舟，在巨浪中随波起伏，若隐若现；对岸群山重重，云雾缭绕，忽明忽暗，幻景丛生，犹如神话中仙境一般。面对此情此景，不禁使人神思遨游，浮想联翩。又如作品《月涌大江流》，头上是皓月当空，薄云飞渡，眼下是回波伏流，汹涌澎湃，一抹月光倒映江中，天上地下，浑然一体；滔滔江水，飒飒风声，似有千军万马，奔腾咆哮，至为壮观。又如《岛上人家夕阳好》《千帆出海》等作品，有的峰回路转，曲径通幽；有的峭壁巉岩，挺拔雄奇；有的圹埌无圻，极目千里。面对这些不同的景色，只要稍加思忖，便有一种意味深长的东西，从画面潜入人们的心头，引起人们有关的意象和联想。

一幅小小的扇画，宽不过一尺，高不满五寸，却能令人一看再看，兴味不衰，我认为除了画家在笔墨、结构等方面的高度技巧，主要是他抓住了山水画的灵魂——意境的缘故。意境的有无、高低、深浅是决定山水画创作成败的关键。正如方薰在《山静居画论》中说的“意高则高，意远则远，意深则深”。金城在《画学讲义》中也曾指出：“山水之难，莫难

山水扇面

于意境，笔墨非不苍古，气韵非不浑穆，章法非不绵密，一落窠臼，便是凡手。”可见意境对于画家来说，既重要又难求。因此，画家在艺术实践中一个重要任务，就是调动一切艺术手段，创造意境，使作品给观众留下充分的联想和再创造的余地。意大利美学家克罗齐在《美学原理》中曾指出：“艺术家的全部技巧，就是创造引起读者审美再创造的刺激物。”从而诱发观众的想象力，使观众在有限的画面上，通过鉴赏生发出无限想象，感到画外有画，景外有景，情趣盎然，耐人寻味。若是为画而画，缺情乏意，纵然“笔墨苍古，章法绵密，气韵浑穆”，尽管鸿幅巨制，场景硕大，但一览无余，“便是凡手”。唐刘禹锡说：“山不在高，有仙则灵。”那么借用在绘画创作上，是否也可以说：“画不在大，有意则深”呢？当然，王国维曾指出意境有三种倾向，即“以境胜”“以意胜”“意与境浑”，但总离不开“情

书法扇面

山水扇面

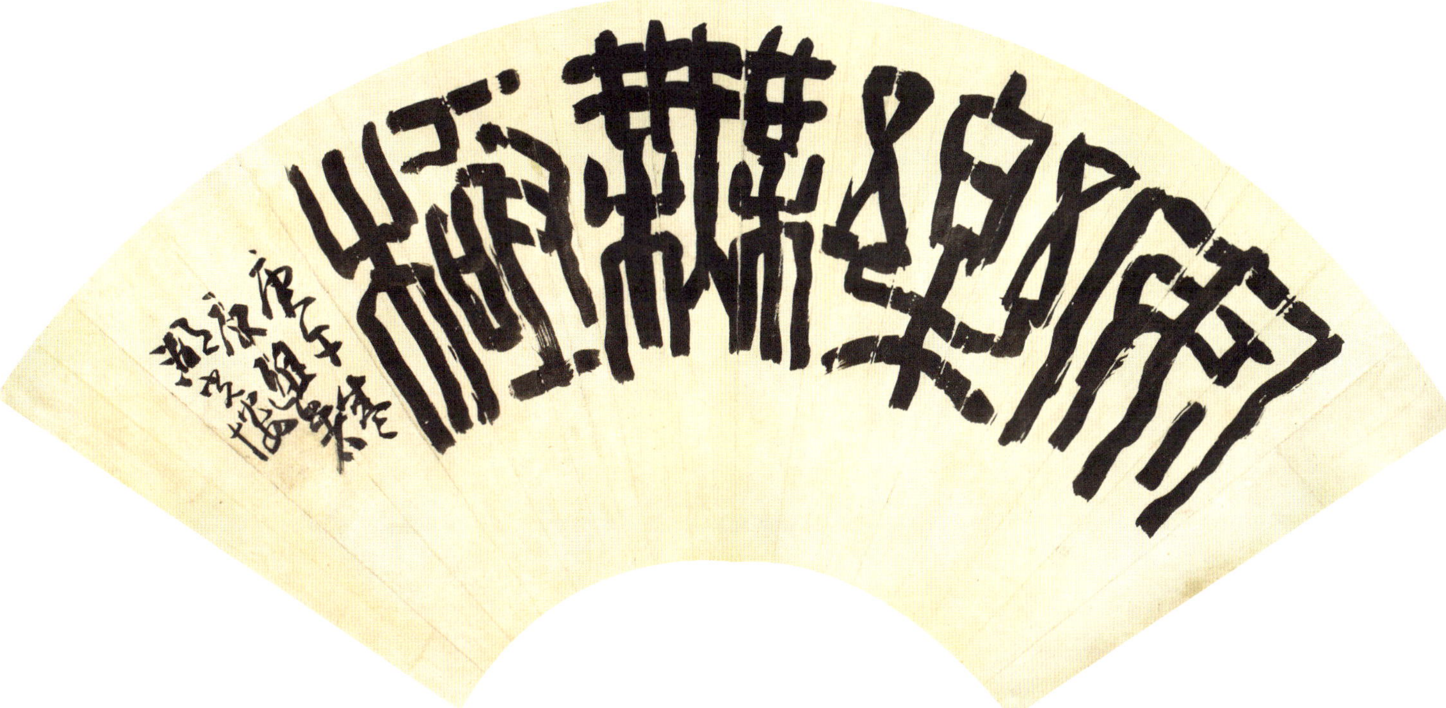

书法扇面

山水扇面

与景汇”“意与象通”这一意境的基本特征。

孙其峰的扇画之所以能够引人入胜，主要是因为他善于意境的创造。他认为“意境的创造是形象思维的结果”。人的感情总是和形象的具体性密切相关的，抽象的“花”的概念，不会引人激动，一枝带雨的梨花，会动人情。所以他在观察景物时，总是珍惜自己的感受，他在描写景物时总是结合着抒情，将自己生活中的感受通过绘画语言，力求在观众中产生共鸣。他从不为画而画（应酬画例外），制造出一些形同槁木、毫无生气的作品去滥竽充数，换取廉价的青睐。他赞成“意境贵新，而忌陈旧”“意境贵远，而厌浅显”之说，所以他总是紧跟时代的新变化，感受时代的新脉搏，以与他人不同的独特形式（个人经历、性格、修养之差别）去观察、体验新生活，去发掘、捕捉新意趣，借以抒发画家的情思。在粉碎“四人帮”以后，孙其峰常常喜欢围绕“春”字做文章，仅在扇画中，以春点题的作品，就有五六幅之多，诸如《山村春早》《春意十分》《春江泊舟》《春风新燕子》《杏花春雨江南》等，既有北国春天的风光，又有南疆水乡的春意，春山春水，春意葱茏。《春风新燕子》是一幅颇有生活气息的作品——春天来了，茂密的树木，暗含绿意，展腰抒臂；解冻的小溪，欢快流泻，潺潺有声；几只聒噪的燕子斜风飞舞，或嬉戏林梢，或上下穿梭，欢呼着春天的来临。画面上洋溢着一派早春景色，生机勃勃，亲切动人。

我国扇画历史悠久，历代名家在扇画中都十分重视意境的创造，他们善于使用以虚代实、计白当黑、以少胜多、以小见大的手法去加强空间境象的感染力。孙其峰在继承、发展扇画技法上迈出了新的步伐。扇画虽小，观众不少。随着祖国四化建设的蓬勃发展，随着人民文化生活水平的不断提高，扇面艺术也必将随着时代前进的洪流，更加多姿多彩，生生不息。

双鹤图

早春图

远瞩

汲古通今，方达真境

——论孙其峰先生的书法艺术成就及其境界

文 / 杨德树 陈福春

孙其峰先生，是当代一位成就卓著的中国书画艺术家、美术教育家。他的书画作品丰盈，辉煌仰止；他诲人不倦，桃李芬芳，育人累代。在80余年的艺术征途中，他从中国文化的历史走来，身负传道、授业、解惑的使命，将传统融汇于当代；他以应时进取的治学精神，把中国书学与画家的艺术主旨，授业于当代，惠益于后学。他苦学、攀登，矢志不渝，为中国当代注入书与画的真才实学，为时代的发展，守住民族文化的根脉。他对中国书画艺术的继承与发展和艺术教育事业，呕心沥血，义无反顾。孙其峰是一位艺术巨匠，是中国当代一位难得的承前启后的艺术导师，令世人敬仰。

其峰先生的绘画与书法之名望、影响早已大彰于天下。就书法而言，其五体俱佳，以隶书的成就为最高，在书坛所赢得的声望极大，人誉他功在“复兴汉隶”。如果说，纵观书史上有两次隶书盛期（汉与清代），那么无疑，当代即第三个盛期。或如果说，清代是汉隶的一次复兴，那么目前便是又一次的复兴。对于这一盛期的出现或言复兴，孙其峰先生是首当的主将，当代隶书的巨擘。他突出扩展了中国使用300年的第二代标准文字——“汉隶”（隶书）的表现空间，提高了隶书的学术品位。他对东汉隶书风格的拓展成就，超过了清代诸家。清人隶书的代表人物伊秉绶的美学特征获谓“气象高古，精纯博大”“意态从容，丰满简净”，而当代的代表孙其峰先生的书法则获谓“天趣盎然，而灵机鼓荡”，是因其“质而实绮，癯而实腴”的审美倾向。

知足常乐

率性天然的追求与老辣生涩的浑然笔趣相映生辉，使得在东汉朴茂、雄强、严整风格之中的碑版隶书，又添一端天趣，一份灵机与生动。由此可见先生探求之精深，弘扬之举力。在实现了隶书的第三次盛象的同时，他扩展了隶书的表现空间，更完善了隶书的审美式样，使古老的汉代隶书于当代手写中得到升华，使随历史渐去的汉字隶体，以艺术的血脉被赋予时代的生命，在当代书坛复活、升发起来。

其锋先生的“复活隶书”和他的“五体俱佳”“铿锵篆刻”“书画共养”铸成了他一棵蓊然巨大的书法之树。

一、通修五体，识得真趣

其峰先生习书，可谓幼承家学。年少之时，即从颜、赵切入传统正学，始具形谨而法严的初阶，及至弱冠之年，已然研习了《史晨碑》《曹全碑》，又先后涉猎了《张迁碑》《乙瑛碑》《礼器碑》诸碑，对东汉成熟期各碑，了然于胸。值于国立北平艺专就学之际，有黄宾虹、寿石工、秦仲文、徐悲鸿授业，又使先生学识大进，得以洞见传统之真谛。勤学、善思、精研、析理，触类旁通，使先生艺术观念得以筑基和洗礼，由表及里地从东汉碑刻、六朝楷书，到“二王”行草认识渐深，方法技能渐入把握。先生于此，则眼界洞开，而见遥途，及时回顾且精研历代书论、画论，甚而广泛深入文史哲典籍，多方位探求，以期深化认知，陶蕴自身，故先生广泛进学《书谱》《书断》《艺舟双楫》《广艺舟双楫》等历代书论，参证以儒学经典并老庄哲学，渐次地开阔调整了自己的视角，改善了学习方法和研究方法，变换并丰富了看

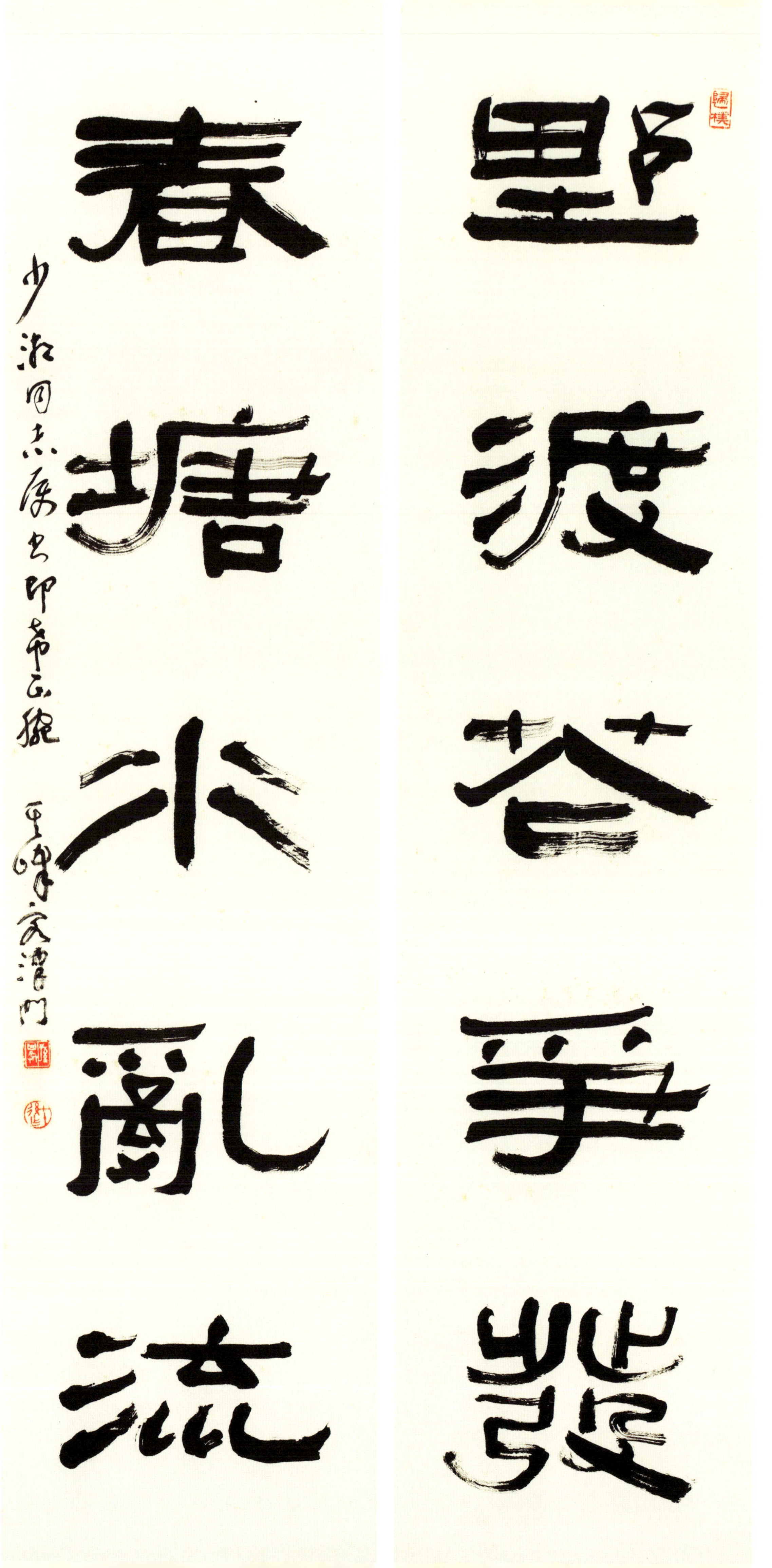

隶书对联

问题的角度，从而厘出了自家见解独到的艺术理念。又以此而寻绎、诠释书学之正道，疏离了世行俗弊中的浅见、妄思与盲行，从而探得学书之正路，渐明艺理和书法艺术之堂奥。

知有所变，行则随之。先生又重视篆、隶、楷、行、草五体之通修，以回味、检测、确认，择用其宜，这一阶段当是先生耗时较长、用力用心最为勤苦之时期。

其峰先生的书法艺术之树，根深于中国文字五千年的书体演进，始成书法审美。先生于斯识得真谛，于前人碑林帖丛之中，更见古人之谋犹，识古人之深衷而尚之，诚属智慧为学，从而见诸五体书中各涵真质。明于深衷行于体认，从始至今，一直以通学五体为本，五体书论要津归一，而成书法的全貌，盖为：取篆书金文、古籀、小篆之中锋、古韵，隶之提按用锋，楷之藏锋、点画，行之用笔顾盼，草之使转、贯通，五体诸法，无一偏枯，加之以篆刻的刀、石之趣。自存生气，遂以百纳归一，共发一处，便是孙其峰书法艺术。先生书法追寻文字衍化历程，首先遍识篆书，金文古籀之中着力于“毛公鼎”“散氏盘”等，取大篆诸体之自由、浑朴，最后发展于石鼓文。于石鼓竭力中锋，识得“入木之术”是书法诸笔法之根，并字形的近于方规，以济章法。以雄强稳健的中锋笔力为根基，以及使转灵动的手写笔迹，使其峰先生手下古老的篆书具有惊人的时代亲和力，而这正是当代书法所缺乏或忽视的。

先生“通修五体”理念之初衷，也是先生在教学中倡导“正确学书之路”的真意所在。事实证明，通学五体是中国书法艺术从入门到登堂入室的桥梁。通修五体是其峰先生书法研究的成功之路，同时也是书法艺术研习与教学的必经之路。无论自修还是课堂教学，均需按中国文字演进。对书体的发展，制定编排有序的学习计划和教学大纲，以使篆、隶、楷、行、草五体贯通，不致偏枯一枝。急功近利或追求流行，只为得一时之利而难成大器，其峰先生对此多有教诲。诸如：世有流行，或偏执一体，鼓噪一时，或群起趋之，或自我叫卖，叹不知其已入俗流，或永成矮人观场，最后将捉襟见肘，失之半途。要知道：“世虽有俗流，教不可离正道。”

二、返璞归真，复兴汉隶

其峰先生痴于隶书，由来已久，花甲年之前，在通修五体过程中，曾着力于汉隶碑刻正体，磨砺于诸名碑，遍读，遍临，诸如：《礼器碑》《曹全碑》《张迁碑》《史晨碑》，以及“石门颂”摩崖等，对风采各异的汉碑隶书，心追手摹，多年不辍，汉碑刻隶书的凝重、雄奇、朴茂、严整、伟岸和柔美的品格特征在先生笔下已挥之即是，

孙其峰书法创作中

可谓筑基深厚。然而，先生的目标远非于此。他寻求的是“入出成法，而自成格调”的创造精神，此时他发现，仅于碑版汉隶，对于手写已成一大约束。

事实上，中国文字在创造与发展过程中，每代文字字形的形成，都有其初（初形）、行（用行）、定（定形，统一而标准化）三个阶段。或说文字都有手写和标准体（碑版和印刷体）两种形式。文字的运行衍化和手写（用行）的过程，正是充满书写者创造个性特征的过程。至少适于个性的表现与发挥，而一旦定形成标准体，则为个性创造加上一道禁锢或约束。正如有人认为，“汉隶到了献帝之后，便向馆阁体式发展，而逐渐失去汉初之古拙灵动的意味，结体用笔，死板平庸，字体日趋方整，扁抑同一，从蔡邕的《熹平石经》到唐代诸碑，可见其状。”此说是有一定见地的。以字形准确为前提（标准字形，如小篆、隶、楷）强调形迹的量化分析，而规避整体的韵味和个人意趣，只剩文字的字意功能，因此文字一旦进入碑版，经刻家刻制，已非原作(法书虽也有刻石拓片,但远逊于手迹之帖)。刻家虽努力保有书写者的风格，但均服从于碑文准确庄重的前提。至于进化成“活字”和印刷体的文字，便与书法无多少关系了。这是汉隶至唐代隶书中的历史局限，直到当代书法仍有这种现象存在的缺憾。

先生深研传统，独运心源，“寂然凝虑，思接千载”，为真正弄清传统的真谛，而“不滞于物，不囿于法”“学古善变，自成格调”。凝虑与思变是他治学的常态。以凝虑寂入古法，以思变别开生面。花甲前后正是时不我待、用心思变的过程。20世纪六七十年代，秦汉简书，尚不常见。就在此时，偶然发现简书，令先生怦然心动，陆续得见资料、照片、印品等，如敦煌汉简、居延汉简、青川木牍、云梦睡虎地秦简，以及山东、湖南等地汉简，马王堆帛书及楚简等。欣幸中先生如获至宝，每每先放大取真，再经当时的“晒图法”翻制成“蓝（色）图”，为临习研究的范本。这批保留至今的蓝图简书资料，足可鉴其峰先生一段欣兴而艰难的书学之路。先生隶书之高古苍茫、自如洒脱别于前人，就是因为他的隶书取法汉碑刻书体的朴茂庄正，去其版滞划一的俗弊，又汲取秦汉简书的自然率真和活趣而去其荒率粗莽之流习。以汉隶笔画为形质，简书的使转为情性，加之先生的浓墨枯笔，信手挥斫，其峰先生笔下的隶书，一任“天趣盎然，灵机鼓荡”，朴茂、华滋中蕴藉着无限生机。

为品位的追求，先生在书法进学中的选择标准是非常严格的。简书的烂漫天真、无拘束阻碍，不雕饰、不装样，正是先生追求的至真至美。故先生有言：“余学汉简，取其一任自然之趣，而去其荒率之习。”“写敦煌简书，略以东汉诸碑之旨趣，稍去其荒率过异处。”这便是先生的艺术警觉和智慧的抉择。严格的选择标准，被他戏称为“挑肥拣瘦”“择善而取”，以去简书之粗疏荒怪异笔形，直取其真正动人之“自然天趣”的“灵机”。先生反复书写的一副四言联句“天趣盎然，灵机鼓荡”正表现了先生被简书深深打动而一直痴心体悟追寻的动力之所在。

见微知显，万变归一。其峰先生对于简书（秦简与汉简）的执着根本在于发现和汲取简书的情性（自由朴厚）、字形（结字灵变）和用笔（天然奇绝）。古人称“书为心画。”“发之于心，而用之于笔。”“翰不虚动，下必有由。”“一画之间，变起伏于锋杪，一点之内殊衄挫于豪芒。”更有近者，清包士臣所述经验：“余学汉分而悟其法……其要在执笔……”而执笔者在用锋，能锋出八面。“行草之笔多环转，故需暗中取势，转换笔心也。”

其峰先生的隶书生机勃发，古韵新姿，是他多年于秦汉简书和清人隶书“用锋”体验的结果。诸如：隶书笔画中横与竖的篆书中锋之畅达平出而留沉（即“入木之术”）。“蚕头”（横画之起笔）的藏锋凝重，撇、捺用笔之以方就圆，圆转方折的硬力、转笔与出锋。尤其右笔大捺的中锋平出之中，笔心暗转随之笔锋铺开，两、三方折连动成圆。笔力内藏，力进中转笔出锋而成“燕尾”，如天然妙造。有时右下直笔大捺，顿然按笔直下，适时侧出收笔而出小尾，使全字笔力饱满中实有力。有时顿按后适时转锋平出而以侧行提笔（如魏碑捺笔），别开生面。又有汉简、隶书分式扁展的字形把握，左右用笔的方圆互补（左撇笔多圆，右捺笔则方直挺拔）。秦简的字形笔画的某些保留，汉简运笔出锋的妙用，常使其隶书字生奇趣，节奏跳动。

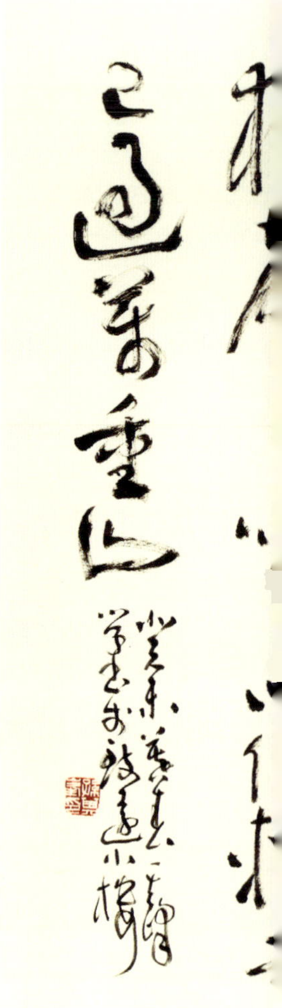

对清代隶书成就的研究，是其峰先生攻隶的又一大营养。

隶书体式完备而退出正体之后的千余年间，隶书的表现陷于搁置，即使大唐皇帝李隆基的推行导引，也未见奏效。直到有清一代，方可见一个隶书新盛的出现，当是乾嘉之后的碑学复兴使然。清代隶书风格多样，承古出新是共同特点，或“简古超逸”，或“率意临古”，或“远离古法”自出手眼，或“破体变法”，或“自成一格”，其峰先生最欣赏的是“入古出古，自成格调”，“拓汉隶而大之”。

其峰先生曾有题记：“清人擅隶诸大家中余独爱金冬心、陈洪绶二家，以其能远离古人成规，自出手眼也。伊秉绶之隶自成一格，堪称一代巨匠，唯运笔光洁过当耳。”可见先生择长之审慎严格。至此我们可说：其峰先生的隶书风范，是继清之后，完成了又一次复兴，又一次飞跃。如果清人“尚质”之说成立的话，那么其峰先生在“尚质”之抉取中更尊崇清隶家“不拘一格”的个性风格和创造精神，他汲取各家之长，同时避除其短，其中更关注金农和陈洪绶的字形结体上的解变，“自出手眼”各得机杼，从而扩展了其峰先生隶书的风格和活力。从先生结字构形的意识上，可见其对伊、陈两家风格的汲取。伊秉绶的“拓汉隶而大之”的形意，加上陈洪绶之结字变幻，令其峰先生的隶书呈“简古奇逸”“干净爽洁”之貌，为汉隶的庄严肃穆加入些诙谐和灵趣。其峰先生的隶书，在五体通佳成就的基础上，其书之气、意韵、情，其字之形、质、笔趣，以及风骨、心源，对人生的体悟及其传达，均使中国古老的隶书重建了时代的生机和风貌，为中国当代书坛，扩展了一块传统而奇妙的创作空间，让学书之学子，望而心动。

三、画理入书，书画共养

汉文字衍生之初，华夏先民即观天法地，远取诸物，近取诸身，而生成文字，故汉文字虽抽象却不离万象，昭见出中华文化之特质。“受、想、行、识”四端的独特处，使中华文化大异于他国。客观诸物感召于人，使人获得诸般感受，而

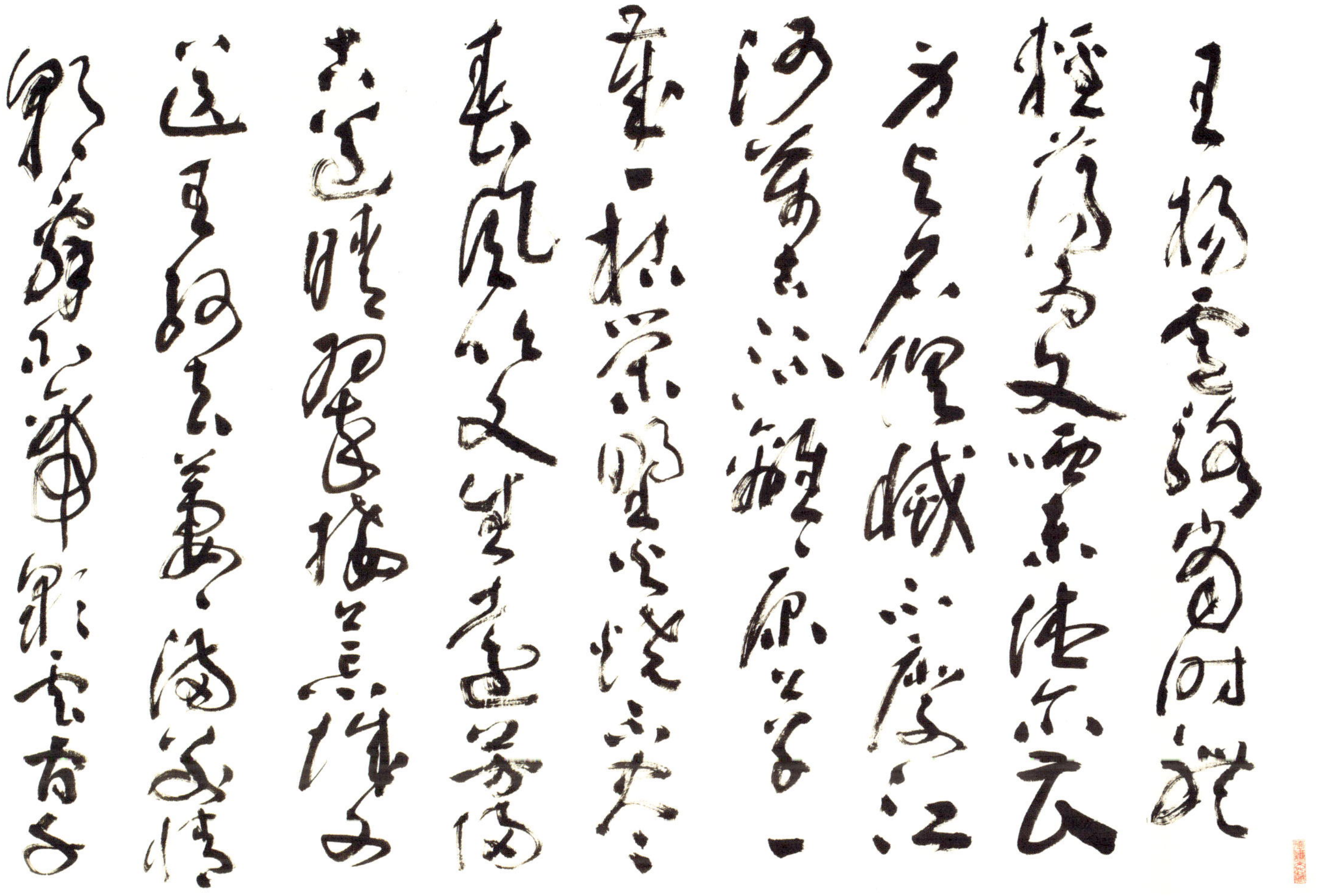

行书词一首

迁想之后，必有妙得。付诸行动，再生见识，则睹物升华。先生乃画坛大家，睹物观人，自有独到见地，物表物趣，大益于心智。炼而久之，不单于画业高成，亦与书法同源同意，共养共生。

先生曾曰，“予开始书法的创作，只知取法于书，其后读古人典籍、故事，知有杜甫写张旭观公孙大娘舞剑器传其草书长进，文与可观蛇斗，山谷看船夫操桨，而后才明白李阳冰说过……日月星辰，山川鸟兽，衣冠文物皆有所得，便渐次学会从生活中所见找出与书法美相关的东西。应该就是恽南田所谓“尽神明之远，发造化之妙吧”。

以画理入书是先生晚年创作的一种方式，将其作画的功夫与体会融入书法的创造。先生认为：“一般谈论书画关系的，只承认书对画的影响，不以为画对书的作用。直到近前，书画互为影响这一事实才被承认下来。书画互相影响的原因在哪里，都是仁者见仁、智者见智。”可见先生于以画入书的体会至深，“受、想、行、识”于先生之画与书，是深层次的。思虑通审积淀感悟，是“尽神明之远，发造化之妙”之所在。有谓先生之以画入书者，有三个方面，即

孙其峰创作中

绘画风格的渗入、绘画意象的渗入及绘画笔墨性的渗入。进而察之观物、观人、观事之洞彻灵机，将绘画立形取意，予以书法性的阐发，才是先生的深层底蕴。于此，先生虽不曾多言，而将绘画意象与书法意象形式把握的能力，具象、意象与抽象间形理互通、转换和提升的思维机制，用于形式技巧，驾驭形式的精神归属，才是先生以画理入书的真谛，是先生书画养心、书画同修共养的正果。

先生作书，五体皆善，五体皆佳，而隶书作品量大而质精，成就突显。无论楷、行、草，在用笔用锋的正侧、逆顺、藏露、快慢、急徐，用墨的干湿、浓淡，以及计白当黑，疏密、聚散，通篇章法，气韵、神采、境界上，无不以书画同源互通互补，取诸画理使书法更具直观的妙趣和意境。先生有大量隶书、篆书的匾额、楹联和书法专集画册，以及楷、行、草各体的书籍封面题签行世。读者总观书作，首感意趣夺人，观书如观画，引人入胜，进而可见大篆（古籀金文）的宏达正气，行书的婉转刚劲，章草的古韵清雅，狂草之风驰电掣、幽默奇绝。有的全幅葳蕤丰茂，有的则呈青涩奋健之意趣，丰富夺人。时而有如古木枯藤，人书俱老，如歌如诉，可亲可敬，书如其人，书中有画，这正是先生书画共养理法贯通、勃发劲健的心力所在。

四、铿锵篆刻、金石雅趣

篆刻是其峰先生艺术成就的重要一部分。其峰先生不仅在其篆刻的创作、教学与研究有很高成就，他的篆刻之篆法章法、刀石之趣以及印之境界同样造诣斐然。这些都是研究先生治学观念、艺术境界和表现方式的广博与通达规律的一个契点。先生书法审美精神所尚，其根在先秦，一如甲骨，简净高古；一如金文，浑朴而凝重。先生着手着眼之处，不在浅近，而直追远古和高位。观先生印艺，可见其中蹊径，亦可见先生的篆刻（治印）与他的诗（文）、书、画的博大成就同修共长。

先生诙谐、幽默，又朴厚。性格使然，除其天性外，身所盘桓，目所绸缪，归持了心性之本真。先生是印坛大家，西泠印社资深印人，却从来不妄言自己从事篆刻艺术。先生是一位教授，长期兼负系、院领导职务，旺年时，其用于专业、研究、创作的时间甚少。故自称半生书画皆出在“业余”。而用于篆刻则是“业余”之余了。由于“弄篆”（篆刻）比较方便，往往石具可随身，得时便可一刻。其书、画、印，知识理念，诗文素养深厚通达，实践行之，相辅相生，加之先生天分超睿、超出常人的勤奋，足以成就这位艺术通人和巨匠。

先生治印，早年授业于寿石工和金禹民二位先生，入门铸基，得益良深，二位先生皆厚学博艺，授业精勤有道，使其峰先生一入门径，便得薪火真传，入得堂奥。又有舅父王友石的授业传道，言传身教便使先生渐入深邃。

同多数人一样，先生入手也是汉印。先生在《治印小记》中说：“我从汉印入手，上溯周秦。刻图章是在教学之余和绘画之余进行的。”由此可见，在以汉印厚铸根基（篆法、刀法、章法）之后，先生追根寻源至周秦。大概是周秦的风骨与先生合，古拙且空灵、简约而质朴的风貌，恰与先生之心性相不二。因此看先生印谱，直觉，浓郁的汉印风范外，作为篆刻创作对待的诸多闲文印，多为古玺风格。这与先生在书法（晚期隶书）上的追求是一致的，也与先生常向门生倡导的“求法乎其上”的精神相映照。

先生治学既善思且勤行，治印亦如此。他在将历史印章统而分析之后，选定古玺印风为其主向，其形制特征最与先生书画相亲；疏离聚散，最与先生书画相宜；简净决明，最与其心相衬。从而坚定了自己一贯的审美追求。这又是善择、优取的一个例证。

又先生治印，迹宗汉习，经浏览广涉明清流派，深入徽浙两派，最终上行至周秦。尊古而能变，将绘事及书法之修养理念，一一入转印中，又假陶文、瓦当及古货币、兵器文字，以及周、秦、汉碑版额铭，化用入印，曾一度多以简、隶、魏、楷乃至章草入印，古朴明丽，别开生面。更使篆刻雅俗共赏，且印文朴拙，字近正体，方便通认。而印风或明丽清绮，或古韵刚柔，仍不失境界开阔，意趣高远更升品位，故使崇爱者众。先生从艺的宗旨，一直是“充实为美，形为质用”，而于篆刻则避弃玩弄刀趣于表面化的技巧，执着于刀法与印境的讲求，果决、洗练，无论冲、切，单、双诸刀法，得心应手，变幻自如。不刻露，不拖沓。大刀阔斧，且精妙入微。线质留而不滞，畅而不滑，简净空明。典雅而雍容的独特刀痕，与大篆、金文的高古浑然而简约相辅相融。铿铿然，如闻刀石之声。印中可见先生大朴不雕的独运匠心。

先生自言其“在经营图章之章法时，常常借鉴花鸟画的构图”，“照应”黑白、虚实、强弱、繁简、疏密、纵横、仰俯诸关系，常反复推敲印稿。但有佳构，直取奏刀，

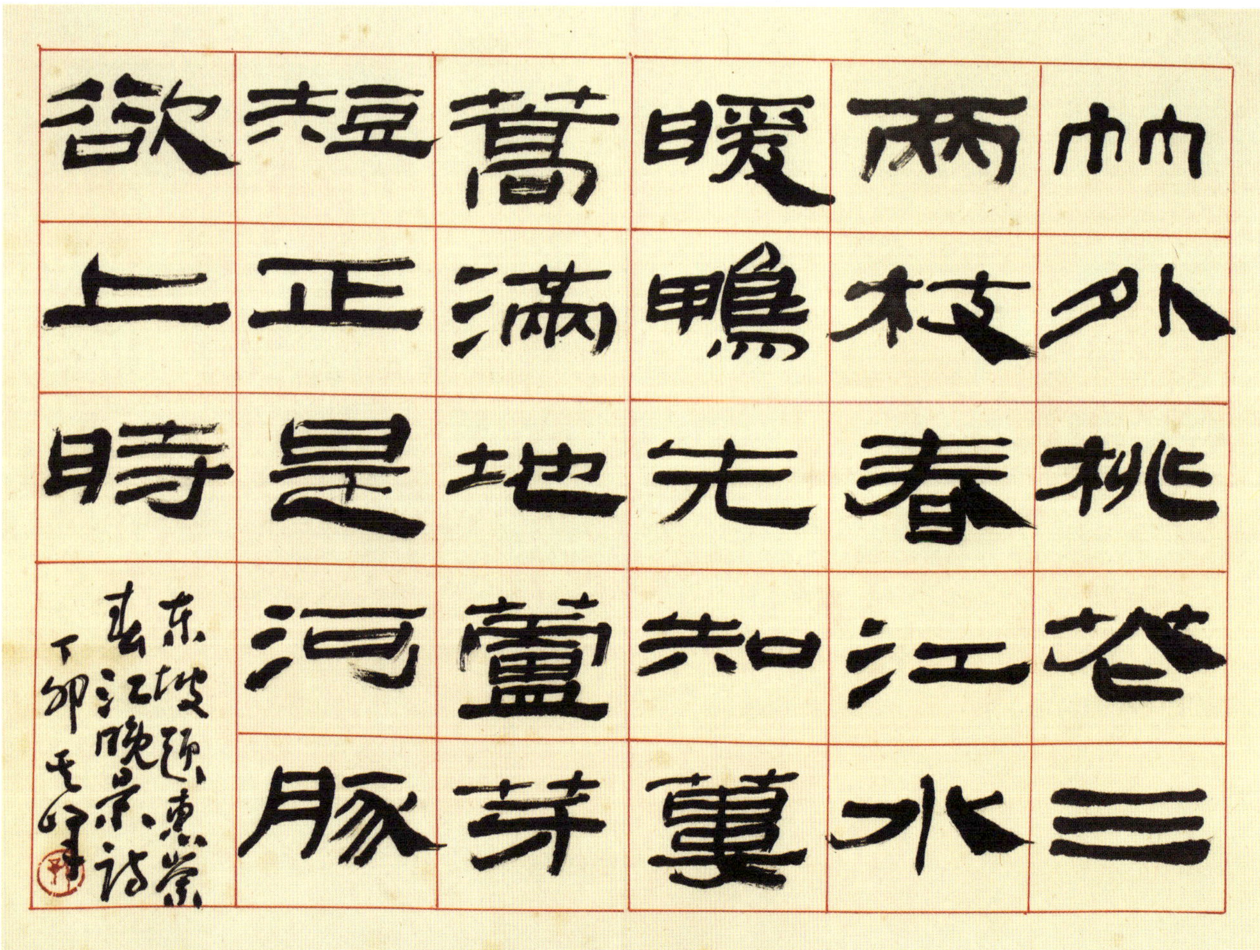

隶书诗一首

孙其峰治印

不斤斤于刀法，有如庖丁解牛，由技而近道，落刀入石，直取本心本性，最终以印面所需之线形、线质为旨归。这就是其峰先生浑朴、苍雄之篆刻大美之境，深蕴汉印古玺血统，显现生机盎然的中国当代印章艺术风范。

中国书法艺术，具有严格的文化继承性和独有性。随着文字的孳乳衍化而发展，使样式审美完善。书法艺术的发展与完善，盖源自历代中国书家的智慧和敏悟。“古不乖时，今不同弊”，自古善书者众。远古书法先贤已多无从记载，而“汉魏有钟、张之绝，晋末称二王之妙”，“二王”之后仍代有才人，支撑起中国书法史，成为一座座高峰，令人仰止，使后学崇拜至深。从古至今，个中法理、奥秘与常规，国人学者，心领神会，严守自持，共同循履，真实不灵，并代代继有创造，使书坛代渐高垒，共铸丰碑。后之书家，均可例数。仅继羲、献之后，唐有欧、虞、颜、柳，宋有米、蔡、苏、黄。其后，元之赵孟頫，明之王铎、傅山及董其昌、祝明等，清之名家又众，而支撑书法史者将另于书体分叙。至于当代，更成功者辈出，如言 80 多年心血从艺，五体俱通俱佳，文理知识渊博通达，书作品位高逸、数量巨大，育人之累代，众望仰归于一身者，孙其峰先生当为其中之属。孙其峰先生必是中国当代书坛之佼佼者，荣膺中国书法兰亭奖之“终身成就奖”，当是实至名归。

孙其峰先生的书法，是一棵艺术“巨树”，博学、深理、严法是巨树之深根，五体通佳是巨树之大枝。著述、书作累累是巨树之繁枝和蓊郁的树冠，而他的隶书则是巨树主干和树顶。

愿其峰先生的书法巨树，长青、长盛。

2012 年 7 月于天津美术学院

秋江泊舟

江水浩渺

孙其峰先生书画理论卷感言

文 / 王振德

孙其峰先生的道德学问及书画造诣、理论成果海内外业内人士皆有共识。作为他的弟子，为其书画理论卷作序，深感辈分、学养不济，却之不恭，只能在惶恐中写些感想，谨供专家读者参考。众所周知，孙先生是中国文联为艺术大师颁发的最高奖“造型艺术成就奖”的获得者，也是中国文联与中国书法家协会联合颁发的中国书法最高奖即“中国书法兰亭奖”获得者。2009 年，适逢孙先生九十华诞，中国美术家协会、中国书法家协会及天津市委宣传部、市文联授予其“当代美术教育家”“国画大师”称号。天津美术学院特授其“学院终身贡献奖章”。中国美术家协会、中国书法家协会及天津美术学院等单位两次在中国美术馆为他专题举办盛大的书画展览及学术研讨会，中国当代艺术界元老派及实力派人物纷纷赴现场致贺。2013 年伊始，由中宣部批准设立的文化部（现为文化和旅游部）、中国文联、中国美协主办，并由中国美协承办的国家级美术最高奖第二届“中国美术奖·终身成就奖”又授予了 94 岁高龄的孙其峰先生。由此可知，孙先生崇高的人格魅力、卓越的艺术成就及对美术教育事业的巨大贡献是世所罕见的。在人们心目中，他首先是德高望重的美术教育家和修养全面的花鸟画大师，然后是书法家、篆刻家和山水画家，殊不知支撑其书画、篆刻持续辉煌的书画理论乃其诸多艺术创作的灵魂和思想基础。孙先生现已出版的 40 余种画集、画谱、画稿及理论著述，不仅宏富精妙，而且处处闪耀其艺术思想的光辉。笔者追随孙先生 40 余年，现不避浅陋，对其书画理论卷所涉及的

1996年12月孙其峰夫妇寻访大秦家镇袁家村王友石故居

内容略作综述。

一

孙其峰先生对书画理论的兴趣始于青少年时代受到舅父王友石的影响和启示。孙先生幼年常听母亲讲述舅父刻苦读书学画的故事，到姥姥家看到张挂于墙的舅父的书画更是激动不已，情不自禁地将王友石奉为效法的榜样。由于生活所迫，孙先生21岁离家赴北京求职，直接得到舅父的关怀与指引，舅父的言行举止使其受益终生。他24岁考入国立北平艺专，学习期间得益于舅父指导和帮助的地方仍然很多，他不仅继续随舅父学习书画理法，还与舅父联合举办画展。在舅父的影响下，他接受了弘扬传统书画的思想，也接受了马克思主义的启蒙，并加入中共地下党组织。此时，他经常去琉璃厂的荣宝斋、豹文斋、伦池斋等画店观赏名人书画，有时去故宫或中山公园看书画展览，开始对中国书画史论及近现代吴昌硕、张大千、齐白石、

早春

春意十分

徐悲鸿等名家的艺术成就有了初步认识。其舅父王友石别名道远，号覆斋，又号罗峰山人，生于山东招远大秦家镇袁家村，毕业于北京高等师范学校，师从陈师曾，后私淑吴昌硕等明清大师，擅长写意花鸟画。抗日战争时期他加入中国共产党，是新中国成立前中共地下党在北京美术界的领导人物之一。新中国成立后任北京中国画院院部委员会主任和专业画师。由此可知，无论是政治思想，还是书画事业，王友石都是孙先生步入艺术殿堂的领路人和最初导师。

孙先生在国立北平艺专学习的 3 年正值中国风云变幻、社会战乱的 3 年，艺专先后更换了四任校长，四位校长的治校主张、办法及艺术见解互有不同，时时会引发青年时代的孙其峰对人生与艺术的思考。特别是 1947 年秋天，主持国立艺术专科

溪边小景

竹雀图

学校的徐悲鸿校长强行实施其以西画教学改变中国画传统教学方式，引发李智超、秦仲文、陈缘督“三教授罢教”及北京书画界关于中国画何去何从的大论战，促使孙先生对书画问题开始深入探讨。孙先生以学生身份游学于两派理论中汲取教益，为此后形成其兼容并蓄的书画理论种下了根苗。

1952 年 9 月，孙先生调入天津河北师院美术系（天津美院前身），教授艺术概论与中国美术史论两门课程。事前没有任何准备的孙先生，为了应付教学急需，只好硬着头皮上起课来。他边教边学边研究，开始较为系统地阅读中外美术史论典籍，做了许多读书笔记，自此在各种报刊上发表史论文章。1954 年，阎丽川教授调入学院接过孙先生首任的两门史论课程，孙先生逐渐转入书画教学，但他对书画理论的

孙其峰与弟子焦俊华（前排左二）等人在校园合影

研究并未中止，而是结合书画创作的切身体验，使其书画理论研究越来越具有自己的特色和体系，也逐渐成就了他现今书画创作与书画理论同步辉煌的人生格局。

二

孙其峰先生的书画理论有哪些基本特征呢？笔者的艺术理论与书画创作直接得到孙先生的启示与点化，故对孙氏书画理论刻骨铭心、视如拱璧，认为其基本特征有四：第一，孙氏书画理论与其书画创作相互印证、相互贯通、相互促进，具有鲜明的实践性、经验性和感悟性。孙先生善于将自己的书画创作经验概括到理论高度，也善于用自己的书画理论指导自己的书画创作，其理论与创作表里一致、同功一体，皆实实在在而无空泛之弊，这也使其理论与创作辉光日新，从未停顿在一个水平线上。1977 年年底，笔者调入美院绘画系教美术理论，孙先生谆谆教导我说：“古往今来讲画论者，没有不画一手好画的。要画好画，不能光练技法，还必须弄懂画论。理论与实践绝不能脱节。”这与谢稚柳先生在 20 世纪 90 年代对笔者说的“理论就是经验之谈，理论没有经验，实在谈不上什么理论。”完全是一个意思。凡是与孙先生直接接触过的朋友都知道，孙先生最突出的特点就是笔不停手、话不停口，外出交流也是边讲边画。可见其书画理论都是其书画创作中的真实感悟和实在经验，没有故作惊人之处，也没有故弄玄虚之病，充满推心置腹的坦诚与肝胆相照的真情。

尊贤容众

第二，孙氏书画理论立足于中华文化立场，植根传统而不拘于传统，自觉包容古今中外优长，具有承前启后、继往开来的时代特征。如前所述，孙先生在国立北平艺专学习期间，既受到坚守国学古法的黄宾虹、汪慎生、李智超、秦仲文、寿石工、罗复勘、金禹民诸高师的口传心授，也受到力主以素描写生造型改造中国画的徐悲鸿等高师的直接教导，他当年求教于见解互异的恩师们之间，认真咀嚼并细心遴选其中益于自己书画发展的营养，并不武断地怀疑一切或排斥一切。此后，他以独立思考的精神，几十年如一日地研究先贤文艺典籍，对《文心雕龙》《历代名画记》《书谱》《石涛画语录》《艺舟双楫》《书林藻鉴》等名著更是置于案头枕边，随时翻阅，百读不倦，常读常新。由于他始终立足于弘扬中国书画优秀传统的立场，故能在处理古今、中外、物我、人我等关系中取优用长、抓住主次，不断充实并强化其书画理论与创新的民族筋骨与和谐敦厚的个性特征。

第三，孙氏书画理论不偏激，不固执，不臆断，不自以为是，平易近人，淡定自然，切合时宜，具有全面、系统和辩证拓展的融合特征。孙先生早年从前辈那里领悟了“道法自然”的传统辩证法和“君子之道”。他在北京追随舅父王友石期间，接受了辩证唯物主义和历史唯物主义。新中国成立后学习用马克思主义世界观与方

望春图

法论研究书画问题，其1959年在北京中国画院刊物《中国画》上发表的文章《传统绘画中辩证法的运用》便是其最初研究成果之一。兹文从辩证唯物主义角度，系统分析中国画中的形与神、虚与实、有与无、多与少、疏与密、详与略、松与紧、宾与主、开与合、纵与横等对立统一的矛盾关系，并提出了令人信服的学术见解。中国进入改革开放之后，书画领域呈现出前所未有的多样化格局，在“中国画穷途末路说”“笔墨等于零”“革生宣纸的命”“中国画将被抽象艺术取代”等论调面前，孙先生从容面对，不为所动，依然信心百倍地在弘扬中国书画优秀传统的道路上迈进，依然努力汲取中外古今优秀作品的营养，依然独立思考，勤奋进取，以至其理论与创作在新世纪又闪烁出更为绚丽的艺术光华。

空谷峭壁

第四，孙氏书画理论充满自我省思、自我剖析和自强不息的精神，具有自知之明和永不自满的自我修炼特征。孙先生为人处世坚持先人后己，淡泊名利地位，从来不争工资、住房、职务、画价，也不包装和宣扬自己，但在书画理论与书画创作上自励自强、勤学苦干、集思广益，一直保持着清醒而睿智的艺术头脑，听得进来自海内外各方面的不同意见或建议，宠辱不惊，不断自觉地进行自我分析，始终保持着那一份澄澈若水的自知之明。如其对自己创作追求的前后变化写道："我早年作画多把物理变化和技术追求当作主要目标。70余岁，渐渐把目标移到感觉的捕捉、美学上的追求和情感的宣泄等方面。这是从写实到写意的变化，也是从师造化向发心源的转变，我自己认为是一个进步。"又如其对自己创作优缺点的评析："人或问余何以自评？余曰，囿于古，病于巧，困于形，笔胜于墨，法多于情。所幸者自己尚有此一点自知之明。"再如其对自成风格的利弊写道："随着年龄的增长，特别是进入老境之后，一方面自己绘画的风格面貌日渐突出，另一方面对别人艺术风格的'排他性'也逐步明显强烈，这是值得注意的问题。没有风格面貌是不好的，有了'排他性'也是不好的。因为这种'排他性'会使自己的艺术中断营养。"如此种种，足以证明他对理论研究的负责态度与勇于担当的精神。夫子自道，夫子自省，开心见诚，以己度人，令读者感同身受、深信不疑、获益多多。

三

孙其峰先生的书画理论包括哪些基本内容呢？本卷（《孙其峰书画全集·书画理论卷》）分为六个部分加以整理和概括。

第一部分是孙先生自传部分。主要包括孙先生的学画历程、学习书法历程和学习篆刻历程，从中可以得知其学艺的艰辛、从师的虔诚、治学的严谨、笃学的勤奋和创作的追求。细细品味孙先生自传，可以洞悉其成功的诸多因素，其中有三条是不容忽略的：一是其自幼痴迷书画和自强不息、好学不倦的笃实作风；二是自觉争取舅父王友石的教诲与引领，得以考入高等艺术殿堂随同高师深造，并能接受古今理论的营养；三是其自青年时代主动拜师求教、转益多师，植根传统、与时俱进。读其自传，可知其人。知其人，可知其画其书其论。孙先生现身说法，以心传心，这是其书画创作与书画理论具有感染力与说服力的原因所在。

第二部分是其国画理法部分。孙先生强调中国画理法中的辩证思维理念，并从创作思想、创作方法、笔墨运用、经营位置乃至艺术修养等方面加以论述。如孙先

巴山蜀水奇天下

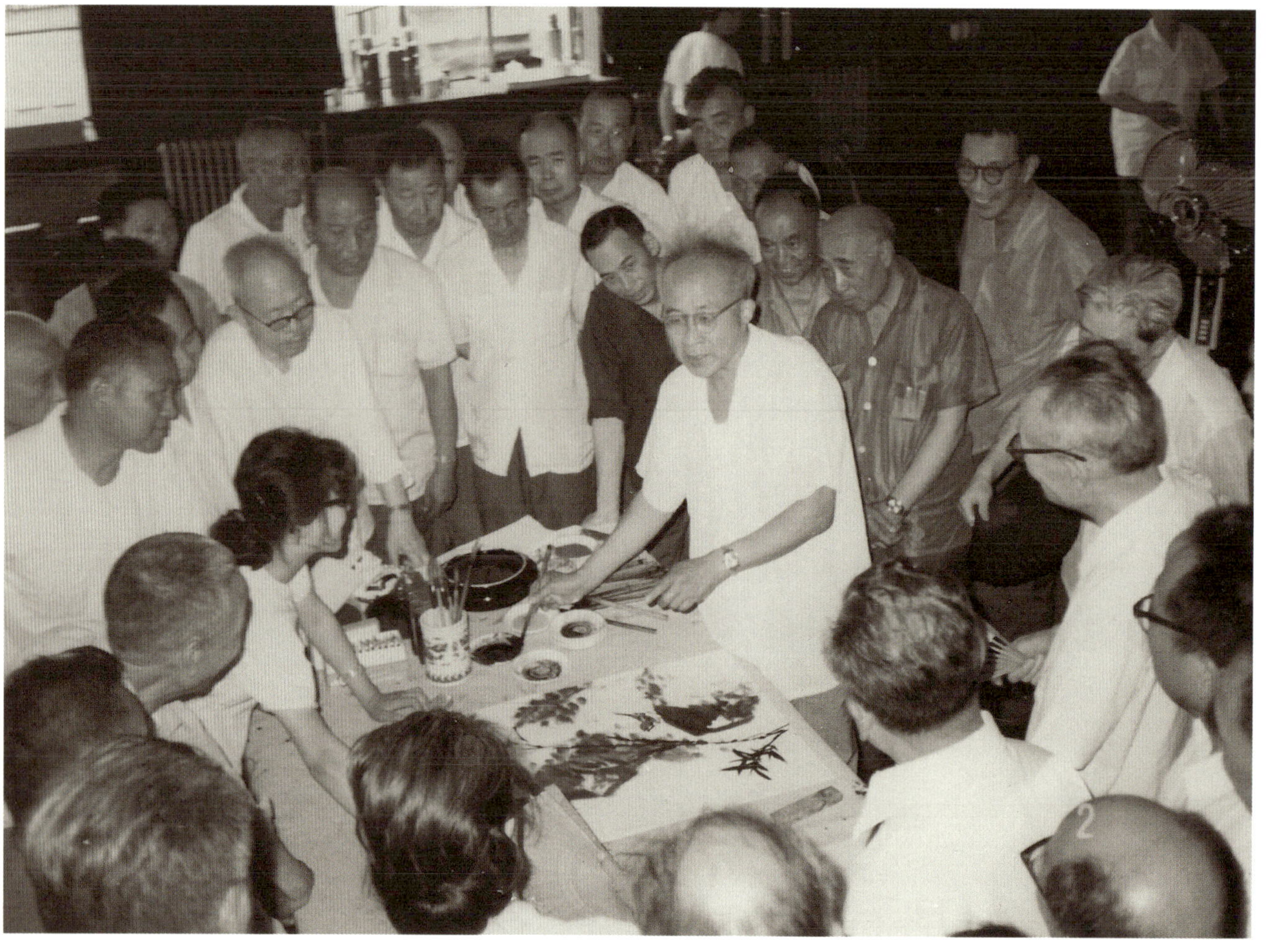

孙其峰为原沈阳军区老干部讲座

生在继承和研究谢赫“六法”的过程中，结合自己书画创作的实践体会，依据当今时代精神，创造性地提出了自己的“新六法”，即“一神意、二笔墨、三造型、四设色、五构图、六关系”，并逐一做出独特解释，为传统国画“六法”赋予了辩证法的灵魂和时代特色。不言而喻，“孙氏六法”是借古开今、古为今用的典范。又如孙先生在 1987 年为写意画总结的“不泥形似，不离形似，貌离神全，似非而是”的十六字诀，较比齐白石先生“妙在似与不似之间”的写意画论更为具体和充实，也更具有辩证法的逻辑力量，堪称当代写意画论的又一经典。再如孙先生在继承与创新方面主张“挑肥拣瘦”“取其精华”，在传统上下足功夫并稳中求进，反对“在一夜之间摇身一变，另起炉灶”，认为“风格应该水到渠成，不宜急于求成，新与旧应以好为准”。立论看似平易无奇，实则独特深刻，确是肯綮之言。另如在写实与表观的关系上，孙先生认为“科学求真，艺术重美，治艺者常二者不能兼得，则舍真而存美，猪八戒、孙悟空不真而美，故能久传而不绝，盖观者重其美而不重其真也。”在画理与画法关系上，孙先生认为“重要的是喻之以理。法是当然，理是所以然。光教当然，只能解决现象和个别情况；注重教所以然，才能既解决个别，又解决一般。”孙先生特别强调书画家的艺术修养，认为“学画画要首先学做人，人品比画品更重要”，“千万不要忘记怎样做人，要做好人，一辈子都做好人不容易”。总之，孙先生对中国画理法全面、系统、深刻的新颖见解，是促进其书画创作步入辉煌的关键要素，也是他奉献给当代书画家的获取真正成功的稀世法宝。

第三部分是其对名家画作的评论。孙先生重点评论宋代苏东坡、元代倪云林、清代任伯年及近现代齐白石、黄宾虹、刘奎龄、刘子久、徐悲鸿、汪慎生、潘天寿、钱松喦、李骆公、萧朗、孙克纲等十余人，分别从社会背景、师承渊源、阅历修养、代表作品、风格特点及艺术影响等方面加以分析，客观公正，持论稳妥，真实可信，不仅为书画评论树立了样板，也为现今画家提供了成功的范例。

第四部分是其中国花鸟画专论，也是本卷书的核心内容之一。孙先生对中国花鸟画的历史发展脉络、艺术表现范畴、笔墨造型方法、随类赋彩原理、经营位置方式乃至写生、默写、创作、通变等课题，均有真知灼见和研究成果，并通过其《花鸟画技术问答》等专著在海内外大量出版发行，其花鸟画专论已成为当今中国画坛最为系统、最为实用也最具权威性质的艺术专论之一。其论点表现于花鸟画理法的方方面面，现分而述之：一、在求师与临古方面，其主张是先学老师，继学古法，临摹前人书法用笔，追根溯源，挑肥拣瘦，天道酬勤，积微成著；二、在写生与默写方面，其主张是坚持写生，勤于默写，现场造型，心手相应，经营构图、妙在变通，制定规划、按部进行；三、在练习笔墨方面，其主张是写字画画久久为功，抓住典型、举一反三，笔随心运、墨由意生，笔精墨妙、法通理明；四、在绘画创作方面，其主张是变化古法，斟酌造化，不随时趋，独抒情性，通会众妙，得意忘形；五、在写意理法方面，其主张是遗形取神、物外得似，无法而法、随机应变，纵横挥洒、若不经意，和谐统一、自出手眼。孙先生在阐述画理的同时，对中国花鸟画经常描绘的花鸟鱼虫的具体画法、步骤，皆有精当研究与介绍，笔者不再一一赘述了。

第五部分是其关于书法篆刻的论述。首篇文章《画家的字》充分肯定历代画家对中国书法发展的重要贡献，首次明确指出画家擅书与书家擅画是中国书法史的重要组成部分，也是最富有创意的部分之一。众所周知，孙先生自幼习书，真、草、隶、

孙其峰与黄胄在藻鉴堂合影

孙其峰陪同吴作人、刘开渠参观自己的书画展

孙其峰与书画家于希宁夫妇合影

篆兼擅，尤以隶书与行草为世所称。其隶书在20世纪60年代即写出个人风格，至80年代吸取敦煌汉简及居延汉简等简书写法，将撇捺分飞的隶书体势融入松放有趣的简书姿致，形成名扬四海的“孙氏简隶”。《论书随笔》遴选孙先生书论30余则，内容涉及传统与创新、具象与抽象、评奖与格调、神意与相貌、理法与变通诸多问题，其见解言之凿凿，一语中的，发人猛醒。如其论述新与旧时，并不笼统地以新为好，而是创造性地提出“新跟好坏是两个概念，新的有好有坏，旧的也有好有坏，而且随着历史的发展，新的都会变成旧的。无论新与旧，只要它是好的，即使时过境迁了，它还是可以发射光芒的。”又如对当今书画评奖活动的看法，孙先生也语出惊人：“书画评奖，不是运动场上百米赛跑，像电子秒表计算时间那么准确。书画展是人去评，每个人都有学术上的特殊爱好，有偏爱。有时还有框框，所以获奖的名次总是相对的。”并指出评奖活动“不属于书法艺术本身”，而“属于社会关系现象”，因此“评奖都不是绝对的”，“也还可能产生其他不好的副作用”。再如他结合自身体验论述学习理法的过程：“我

松猿图

沙暖睡鸳鸯

早期学书只知有法，不知理为何物。40岁以后随着理论学习的深入，我开始重视法外的理、意、情、韵一类，尤其重视理的研究。”如此种种，皆言之有物，情真意切，催人奋进。《治印漫谈》只选10余则，但将孙先生关于治印修养、治印传承、治印刀法与布局、治印的悟性与创意等论点明示于众，可谓以少胜多。

第六部分论书画教学，是孙先生从教70余年的心血与智慧结晶。孙其峰教授无限热爱艺术教育事业，全身心地投入书画教育教学工作，始终以教学为先，时时处处关爱学生，70余年如一日。其书画教学观念主要有七点：一是引导学生踏实学习，循序渐进，立志成材，逐步成为具有综合文化艺术修养的艺术家，而不是只搞技法的画匠；二是鼓励学生入室学画，而后鼓励学生破除门户之见，转益多师，自辟蹊径，青出于蓝而胜于蓝，以学生超越自己为快乐；三是对学生倾囊相授，毫无保留，真诚无私，同时又要因人施教、因地施教、因画施教、因材施教，首先教做人，然后才是教作画；四是使教学系统化、规律化，研究行之有效的教学方式和教育方法，建设德艺双馨的名师团队，将学院课堂教学与“名师带高徒”式的传统结合起来，确保人才成功；五是教师要授业、解惑，更要传道、行道，充分发挥教师作用，更要调动并发挥学生作用，千方百计启发学生独立思考、独立学习、独立创作的好习惯，如上课做心得笔记，外出坚持写生、默写等；六是“教学相长”，学生向老师学习，老师也要主动向学生学习，师生都要以能者为师，互相勉励，共求发展，教师要甘愿当学生的“上马石”，学生应敢于骑马前进；七是引导学生学习传统，弘扬传统，吸收中外古今文艺营养，不断充实自己，天道酬勤，惜时如金，边学边创，看起来比单纯画画慢，实际是稳中含快。

总而言之，孙其峰教授的书画理论极为宏富精深，在其深入浅出的阐述中颇多远见卓识，且都是其亲身实践的经验体会，故其指导作用和现实意义不言而喻。由于篇幅有限，本文是在2008年天津人民美术出版社出版的笔者主编的《孙其峰论书画艺术》一书基础上增补而成的，存在内容疏漏或编选欠妥之处在所难免，尚望读者多多指正。

壬辰腊月于天津美术学院

善师者既美其道又慎其行

文 / 李家旭　刘静宜

我们一生遇到过很多老师，有不少也确实给我们留下了美好的记忆，但像其峰先生这样使我们难以忘怀的恩师还是唯一的一位。他平易近人，知识渊博，业务能力极强，无论是课堂上、课下，其妙语连珠、旁征博引、深入浅出的讲述，再配以精熟的各种类型的绘画图例，不仅增强了学生们的记忆，而且进一步激发了学生们对美术事业更深的热爱。

最近有幸先睹了一批先生速写本上摘录的小构图和信手画出的小草稿，使我们倍感新鲜和亲切。虽然过去我们也看过一些老师的这类作品，但像这么多、这么集中的还是第一次。这些不足巴掌大的图画，如颗颗璀璨的明珠和未经雕琢的璞玉，更像一首首未经修饰的田园小诗，引起观者无限的遐想。这些小图之所以引起人们的共鸣和联想，主要是因为在先生坚实的造型能力的基础上，逐步升华为自我的、独具特色的视觉语言。其峰老师是运用视觉语言抒发思想情感并进行艺术创作的大师。这些小图，画虽小，但神不失，每幅画中都有引人入胜的精灵跃然纸上。小图中的猕猴像顽皮的孩子，丹顶鹤、孔雀则有绅士风度，池塘中的鸳鸯堪称情侣中的典范，而信手拈来的松鼠、苍鹰、麻雀……都各具性格。其山水、竹石、林木、花卉更是生机勃勃。总览这批小图，既是生动的艺术创作和对生活的提炼，更是先生对形式美感的追求和对美学原则的阐述。

以下几个方面更能证明先生的艺术追求。

鱼乐图

老师非常善于在绘画中运用辩证法和矛盾统一关系，构图中主从的布局、虚实的处理、纵横的穿插、取舍的选择、聚散的搭配，以至开合、疏密、松紧等在画幅中均一目了然，从中不难发现先生对“虚”“疏”“散”“从”的特别关注，这些在绘画创作中需要删除、放松和省略的东西比精雕细刻更难、更不容易把握。可以说，深入刻画靠功夫而放松靠修养，靠聪明才智，此其一。

双栖图

人称绘画是凝固的音乐，因此绘画中的节奏和韵律就显得更为突出，而先生的山水画则更突出地体现了画面的节奏和韵律，这种节奏不仅体现在构图潜在起伏线中的起承转合上，更体现为一种含蓄、朴实和以一当十的纯化，这是作者心智情感的传递，是艺术经验的升华，进而反映到画幅中则是独具特色的韵味，此其二。

画幅中的山水、树石、花鸟鱼虫，这些组成画面的基本元素在画家的精心安排下而形成一帧帧互为依存的不可分割的整体，这就是创作。这一环节反映了画家的知识水平、生活经历、技能技巧和审美情趣，其中的关键环节是画面整体的协调程度，而先生的这批构图给人的印象是随心所欲、逸笔挥洒，但像写草书一样勾、挑、撇、捺缺一不可，形成浑然一体的图形，它们是和谐的、是整体的、是形式美感极强的。我们更欣赏画册中像邮票大小的集群小图，因为是集在一起的图样，每一小帧就更具性格，而单纯欣赏则又是一个个浑然一体的方寸小品，恰似书法篆刻一样，每一刀、每一笔都不可或缺，此其三。

先生的小构图之所以耐人寻味，主要是因为意境深远。意境是审美问题，作为画家很难把其阐述清楚。明确地阐述是理论家的事，作为绘画的实践者只能就画论画，面对这些小图，首先有一种视觉冲击力吸引观众的眼球，使你不得不仔细欣赏，当进入画林之后，发现虽然形象逼真但远离自然，这些逼真的形象不经过画家对生活的独特观察与体验是不可能获得的。当一幅幅独立的作品进入你的眼帘时，不论花鸟、山水，都能把你带入一种清新的诗的境界，并引起一种美妙的联想，形成画里画外的思维连接，这种连接往往是与众不同的、全新的，这应该就是意境吧！此其四。

其峰老师以勤奋博学、爱徒如子、以画扶贫、以书助困塑造了自己的人格魅力。他在艺术创作上又以持续的童心面对，使作品视野永远开阔，常乐常新。小构图创作是创作不可或缺的重要过程，而往往这一过程又是作者精神最集中、情绪最激动的时刻，基于这种原因，老师的这批趣味盎然的小图才如此精彩，如此动人，使人爱不释手。

2011 年 8 月于津

松鼠图

倦游归来

隽永的经典一定要铭刻

——读孙其峰先生壶画

文 / 马　驰

中国最早的书法与绘画，都与铭刻伴生，也正因为那些伟大的铭刻，我们才有机会在几千年后，还能见识到先人们的不朽创造。今天这些有经典铭刻在身的紫砂壶，同样被赋予了不寻常的使命，它们是艺术的见证者，更是时代的见证者，它们今后无论出现在哪里，都会带着智慧、带着欣喜、带着暖暖的爱意——就像它们最初的缔造。

孙先生作为一位诗、书、画、印俱佳的卓有成就的艺术大家，他对金石味道的崇尚与研究，不但引领了潮流，更将时代水墨推向了新的高度。我们今天在这里看到的，这些被铭刻在紫砂艺术中的书法与绘画，不仅是孙先生书画艺术的浓缩，更是对孙先生艺术光华的拓展。这些被铭刻在紫砂上的隽永经典，是对孙先生书画中笔墨味道的更有意味的展现，孙先生的笔墨意趣，在这种同样富于意趣的材质上，得到了特殊的发挥，就像一位天才的演员，转换的舞台对他绝不是制约，而是天赋展现的另一种条件。经孙先生铭画过的紫砂壶，也仿佛被赋予了更高尚的使命，这点画之间，相对于纸绢上的佳构，它可以被抚触，可以有温度，可以有茶香，更可以伴你禅定，陪你玄思妙想。方寸之间，意味无穷。

时常有这样一种情况，我们读到的每一个精彩的句子，不同的人或在不同的背景下，会有不同的解读。为了更接近真实的语义，较好的办法就是将这句精彩的语句还原到它最初的出处，还原到原著的文章中，甚至还原到它所产生的那个时代。

孙其峰与孙克纲在一起

对于一位艺术家的佳作，我们在解读的时候，着实也应该做这样的还原，将它还原到艺术家当初创作时的状态，进而还原到那个时代。

无论是赞美还是批评，只有这样的解读才能做到相对的客观与公允。解读者也会体验到一份深入挖掘的欣喜。就像是一棵枝繁叶茂的大树，当你了解到它在地下的你看不见的根系同样繁茂的时候，无疑会更多出一份赞叹。

对于孙其峰先生和他的艺术，我更愿意做这样的还原与比喻，因为他在时代中的脱颖而出，因为他在艺术成就上的枝繁叶茂，更因为他的那些寻常人根本看不见的辛勤与苦心孤诣。中国书画的持久的魅力，恰源于创作者水滴石穿般的耐力，这不是对时光的消磨，而是对岁月的修炼。孙其峰先生的艺术，之所以让我们心生敬意，就在于他在岁月中的发自内心的砥砺前行。

2017 年 11 月

（作者系天津美院客座教授、天津美术馆馆长）

孙其峰壶画作品

不
覺
曉
眠

全無
葉底
花

渾凝
拙重

倦鸟归巢

双栖图

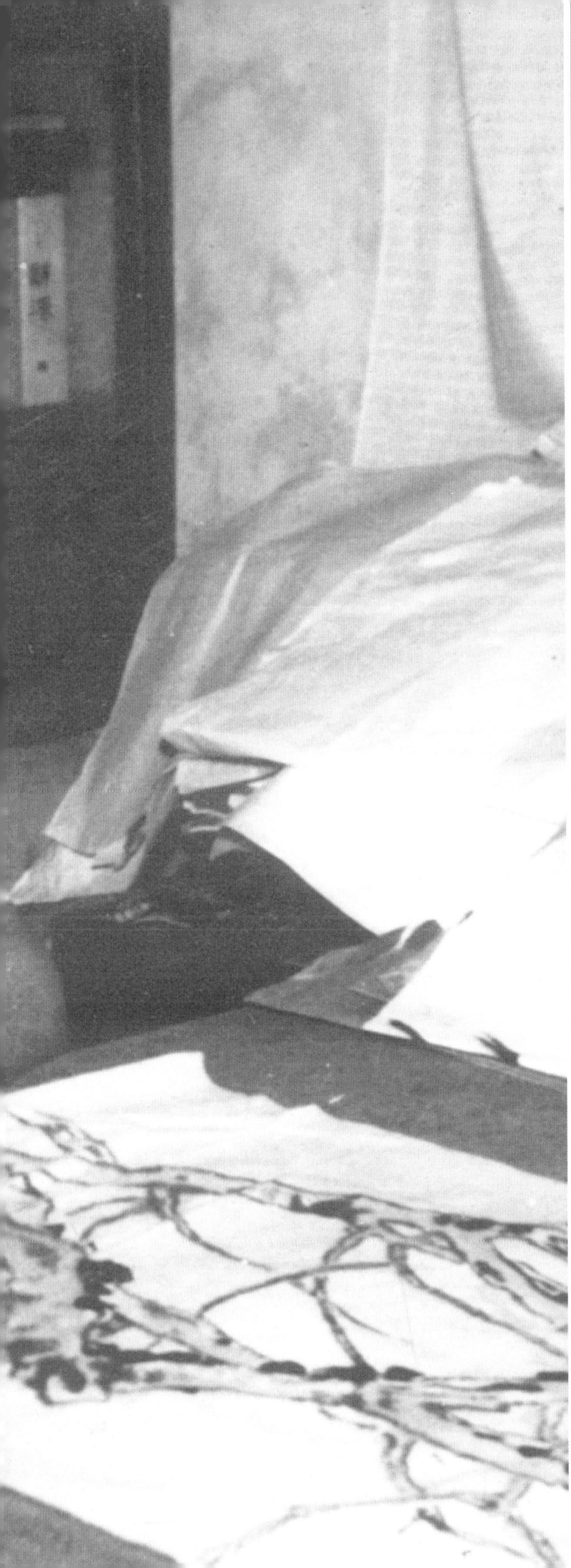

人民美术家·孙其峰

艺术之路

YISHU ZHI LU

我的学画历程

一、一条曲折多磨道路

我学画是走在一条极为崎岖的道上的。20岁前，我生长在远离大城市的招远县，对学画来说，是极为不利的，既看不到什么真迹，甚至印刷品也找不到，更不用说高明老师的传授了。这一时期如果说我在学画专业上完成了些什么，那么我只能说培养了一个学画的兴趣。

我幼年喜欢画是由舅父引起的，我虽跟他没有更多的接触（在儿童时期我只见过他一面），但我们家的人，尤其我母亲常常讲起舅舅画画如何好，在家乡和济南怎么有名等，这些话逐渐在我那幼小心灵上播撒下爱画的种子。

我们家有三间客厅，里面挂一些名人字画，其实大半是假的。就是这些假画却也深深印入我的脑海，也是培养我绘画兴趣的一个方面。

我上学时路经关帝庙，庙内墙壁上满是有关关羽的绘画，这些画得很不高明的壁画，也是我经常欣赏的对象，甚至我还多次临摹过吕布和关羽的坐骑。

在上小学时，我看到《古今名人画稿》，高兴得不得了，我决心自己也买一本，后来终于在招远城庙会上买了一套。其后又看到石印的《芥子园画谱》和上海出版的《醉墨轩画谱》，这使我大开眼界，我一有时间就临摹这些画谱，我渐渐成了我们学校的小画家。

我21岁离开家乡，到了北京。原想是去学画的，但由于生活无着，我只好当了我不愿干的店员。在这个时期我刻苦学习，1944年在舅父舅母的帮助下，在许多朋

孙其峰舅父王友石

友的赞助资助下，我考上了国立北平艺术专科学校。这一段时间可以说是我学画的黄金时代了。但毕业后我又背上生活担子，奔波于各个中学，维持着最低生活水平。北平和平解放，我被调到一般行政工作岗位上，一待就是5年多。在这一阶段学画是非常困难了，因为客观情况根本不许可。可我思想上并未忘记我所喜欢的专业——画画。接下来我被调入天津河北师院美术系教书，算是归行了，但开始教的不是绘画，而是一些中国美术史之类的理论课程，直到1955年左右才又开始画我的花鸟画。这仅是挤时间可以画画而已，因为我除了教学，还兼做行政工作，所以剩给我的时间真少得可怜。为了多争取一些时间，我只好抛掉一切看电影等玩乐的机会，甚至少休息来作画、研究、写笔记。这对我来说虽

玉兰花

然够不上黄金时代，也可以说是白银时代了。三年度荒，生活虽然困难，但那时有较多的业余时间学画。这是“四清”之前的又一小段黄金时代。“四清”时我在外地参加运动搞了将近一年，不久就开始了“文化大革命”，待牛棚，靠边站，“批林批孔”、反回潮……画画当然没有份儿了。我只好“转入地下”来画。大约从1972年到“四人帮”倒台，这是我又一次偷着作画的时期。这个时期，我画了两本画谱——《孔雀画谱》和《花鸟画谱》。“四人帮”倒台，特别是1978年，北京文化部（现为文化和旅游部）组成了国画创作班子，这大概算是我作画最多的时代了，断断续续地在这个创作组作画，前后我交给国家至少有800幅画（约）。1984年之后，因我患有心脏病，能够作画了，但身体坏了，真是“树欲静而风不止”啊，可我在养病期间，只要能活动，我就不忘画画，应该说这也是我晚年的一个收获季节。纵观我的学画、画画历程，可以说是在断断续续、忙里偷闲中度过的。

二、绘画观念的变化

1. 从役于古人与造化到主笔古人与造化

我的绘画观大概可以分为几个段落：开始是崇拜古人、模仿古人，认为追上古人就是最高的追求目标。这个绘画观一直到徐悲鸿主持国立北平艺专时才受到冲击，接着被崇拜上帝（造化）摹写上帝所代替。实际上是用古人传统的笔墨语言来描写造化。至于我从什么时候感到摹于古人和上帝是错误的，甚至认为这是没有出息的，那我就找不出一个明显界限了。近几年的一些否定传统以及用西画改造中国画等奇谈怪论，虽使我也一阵子迷惘、怀疑，但很快我就清醒了。我现在坚定地认为，要学传统，更要发展；要学造化，更不要忘了自己是个有主观能动性的画家；也要学外国，但不能忘了自己的民族。还有艺术不是自我完成与自我陶醉，它是为人的，非为己的。

2. 广泛涉猎与重点攻取

我知道自己在年轻时候没读好书，所以常常在实践中感到底子薄、知识少。不知在什么时候，我开始读书，古文、诗词、小说、哲学、历史都有所涉猎，尤其喜欢古文与历史。在相当长时间里，我经常翻阅《二十四史》中感兴趣的章节，而且我还把《聊斋志异》等文言小说当作古文读本来看。另一方面，我也细读了一些东西如画论、画史等，确曾下过一些功夫，并且作了大量的笔记，可惜这些笔记都散失了。近几年记忆力差了，越发使我后悔自己为什么不在记忆力好的年轻时候把书读足，老了，徒呼奈何！

万里一击

3. 从狂妄自大到虚心

我在青年时代也和一些青年一样的狂妄自大和目空一切。那时我在国立北平艺专学习，我能瞧得起的老师真是凤毛麟角啊。我只看人家短处，攻其一点，不及其余，对自己则以为了不起，将来可以压倒一切。因此，有好多可以学习到很好很多学问的机会我都放过了，现在想起来真是后悔莫及。其后我不知怎么就由自高变为自卑，由自卑慢慢

清供图

林中牧羊

溪边野趣

变虚心了。我在1954年之后渐渐养成记笔记的习惯，在我的笔记里记载大画家的语录，也有我同辈人甚至不如我的同行者的画法记录，随着年龄的增长，我越发感到自己知道的东西是有限的，相反我知道了群众掌握的知识是无限的。我常对我的学生说起我当年由于狂妄自大而吃了亏，叫他们把我当前车之鉴。

三、生活历练与其他

1. 朝花夕拾

20岁之前，我生长在穷乡僻壤的胶东山野，那里几乎没有什么文化生活，更不用说美术活动了。我接触国画主要的场所就是我家的一间客厅，那里边挂着许多字画，王石谷、邹一桂、陈师曾……（其实大半是假的），我喜欢看这些画，有时听客人或家人谈论这些画如何有价值（经济的），这更使我知道国画是非常高贵的东西。使我能够大量欣赏国画的好机会是旧历年——春节。那时家家把家里珍藏的各种画子（包括一些国画）都挂了出来，整整半个月的时间，这对我欣赏国画是一个大好时机，我得以饱览各种山水、花鸟、人物画，虽然这些画水平不高，都是当地或潍县人画的所谓“行活”，但它们对培养我的国画兴趣起了很大作用。另外，我家不远的街上有一座关帝庙，里面的墙壁上画着满满的壁画，什么三英战吕布、鞭打督邮……真是百看不厌，回想起来这也是我童年的一项艺术活动。

在上小学的过程中，高年级有国画课，不过那里没有专门的国画老师，上课让大家随意画。即便那样，我们还是有很大的兴趣。在我五年级时有一位姓高的老师，他会临摹一些画册上的山水、花鸟，他床头上面挂满了许多他自己临摹的作品，这引起我极大的兴趣，想着法儿去看这些作品。有时他还给我讲一些古代大画家，我从这时才知道清朝的“四王”和明朝的文徵明、唐伯虎。我有时也想将来当一个这样的大画家。在小学阶段，我看到了《芥子园画谱》的零散本和《古今名人画稿》，这是从同学那里看到的。后来我自己攒钱也买了一套《古今名人画稿》和《醉墨轩画谱》，我这才有临摹的稿本。我经常临摹，所以我的绘画成绩成了班上的第一名，而且整个学校的同学也没超过我的。

在初中时候，初一、初二年级都有美术课，又有专业的美术教师，在这里我受了一些正式的美术教育，尤其那几位美术老师（共有四位），他们都以身教和言教提高和巩固了我爱好美术的兴趣和理想。

2. 老“白专”道路

新中国成立后，我被调出做行政工作，每天工作到十点左右，根本没有星期天，就在那么紧张的日子里，我仍然对我所学专业——山水、花鸟不能忘怀，我利用一切空余的、短暂的时间画速写。那时人们在生活会上给我提意见总有这么一条：“重业务，轻政治。”我当然得承认，但这只是表面的现象，我心里却不以为然，在行动上则我行我素。

其后调入天津师范学院美术系，我还是做党的工作、行政工作和教学工作，画画当然就是业余的。大约在 1954 年之后我又开始教花鸟画和山水画了，这对我画画似乎是有利的，因为我可以把备课与画画结合起来，这是名正言顺的了，原无可厚非，我认为这大概可以不再因画画而受到指责了。事实却不然，我不但照样因画画而受到指责，而且这时有了许多新的“帽子”，例如“白专”“白旗”之类。我戴过许多这类的“帽子”，有的“帽子”戴了还不止一次，反正头上老有一顶“白专”之类的大“帽子”。这些“帽子”一直到打倒“四人帮”之后才被摘掉，给我换一顶“又专又红”

的“帽子”。我这时已经疲了，我的座右铭是“人毁不怒，人誉小喜”，对于这顶“帽子”我当然也有些高兴，因为这意味着我不再受批判了，仅此而已。

3. 笨干与巧干

我的学习方法从宏观上看应说“巧干”，从微观上看则又是“笨干”。说“巧干”是因为我没人家那么多的时间，只有“巧干”才能取胜。所谓“巧干”就是说我不是一步挨着一步走的，而是连蹦带跳走向目标的。具体说我是干一阵子就总结一阵子，把学到的东西系统化、巩固化、举一反三化，所以我的所谓“巧干”就是抓典型、抓关键的以少当多法。那么我又如何“笨干”呢？这就是我在具体学什么的时候，则又用以多压少的不厌其烦的笨方法，人一己十，人十己百……我就是这样进行学习的。

4. 见缝插针

因为工作、教学占去了我绝大部分的时间，给我剩下的只是一些工作与工作或是教学与工作之间的小缝隙，我要想画画，就只有见缝插针了。我珍惜每一分钟的时间，在那些极短的空余时间，二分钟、五分钟……别人根本瞧不在眼里，我则“大插其针”，或画速写，或画默写，或记笔记……我常告诉我的学生说：“上帝给我的时间，我一秒钟也没还给他。”所以我是一个业余画家，而且是一个以零星时间“起家”的业余画家。别人说我重业务轻政治，虽然不符合事实但也不是没有原因的。我经常不看电影，更不聊天，至于下棋、打扑克更没我的份儿，所以在别人眼里我只有画画，但我一直是看报的，一直是注意国家命运的。现在我给自己下个定语是：不管身边琐事和生活上的杂事，只管国家大事和专业的要事。

5. 生活上无过人之求，业务上有超群之想

我曾经写过一个座右铭：“生活上得过且过，治学上贪得无厌。”这虽是玩笑话，但也在较大程度上道出了我的人生哲学。

我向来未羡慕过人家有这有那、生活阔绰，却不断注视着我的同辈谁有什么进步、谁有什么成就。每当我看到我的同行或朋友有什么新业绩出现，往往会鼓起我的上进心，鞭策我更加努力。我长期以来，对待生活，总是知足常乐、安于现状，别人阔绰，对我没什么刺激。但在业务上我总是不满现状、不甘落后。我在不断自觉进修中所订的一些计划，可以证实这一点。

6. 老年的追求

常听见有些老人说“退休无事可做”“无事无聊”“精神空虚”等，可我为什么从未有此心态。恰恰与此相反，人虽老了，但从来没感到“无事可做”。我一张画未画完，就想到另一幅。

石涧奇花

白鹰图

石涧花卉

学书自述

一、我学书的大致经过

我常常跟人家说我是个业余书法爱好者，人或不信，那么请你看看我的学书经过吧。

我7岁（1927年）开始在村里上小学，那时我们学校很落后，没有电灯，设备也很简陋，课程也没有一定，全由教师自定。可是不管是哪位老师上课，都把书法当成一门重要课程。实际上就是规定我们必须天天写大字。开始我照着先生写的仿影描，到了高年级我也临一些坊间石印黄自元临写的一些字帖，我先后临过赵字、颜字（华世奎写的赵字、颜字）等。先生每天要我们的大仿，他给我们批阅，在写得好的字旁边画一个或两个圈，写得不好的画一道竖道子，我在班上是得圈最多的学生。后来，我终于成了全校的“书法状元”。老师批阅大仿，只管画圈圈，从来不给我们讲方法，更不讲道理，当然也不作演示，只有老师给人家写装粮口袋或写对联时，我们才能看到老师的书写“雄姿”和书写方法。有时老师跟别人谈论书法家的事情，我也愿在旁偷听一二，当然这种好事情也不多。我在小学这个阶段，只能说培养了爱好书法的兴趣，我得感谢老师给我画的那些圈圈，现在回想起来，正是这些在别人看来一文不值的圈圈，引发了我学书法的兴趣，也巩固了我学书法的兴趣。

农村过春节，家家门上贴春联，这些春联都由学校老师来写。我们村是个大村子，

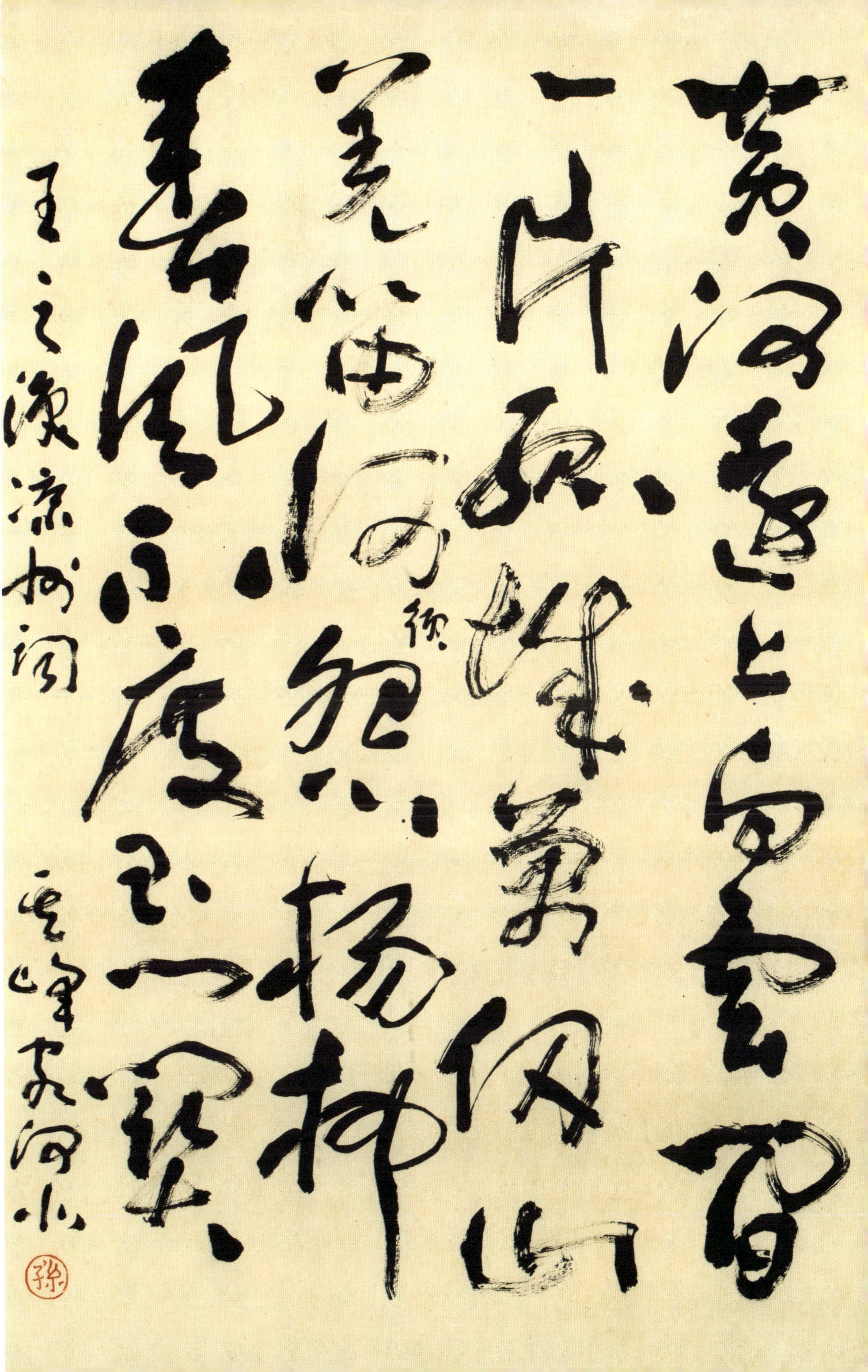

行书诗一首

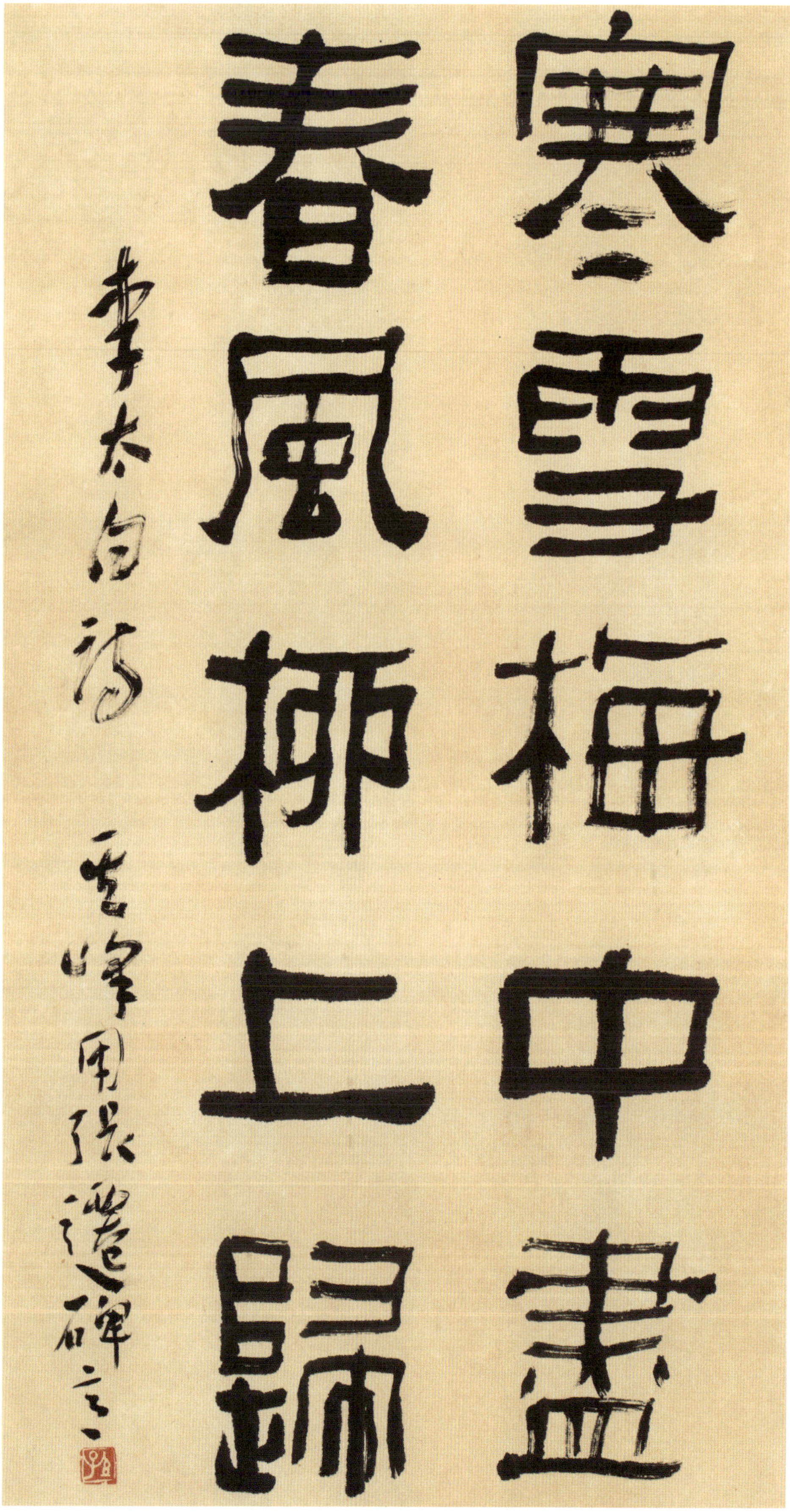

隶书对联

孙其峰与廖静文交谈

对联需求量很大，老师为了图快，就找一些校内、校外帮手，那时能够上写春联水平的人不多，于是就把我这“红土子”也当“朱砂”用起来了。老师还得当着求写春联的老乡说我是“好朱砂”，当然这是夸饰之词，否则，人家不愿让我写。我就这样在村里有了一点书名。当人家指着我给他们写的春联，夸我写得不错时，我听了感到美滋滋的。这对我是一个莫大的鼓励。

1935 年我考入招远县中，在这里没有书法课，但我还坚持课余时间写大字，和我一起练大字的还有几个同学。我这时学写华世奎的《南皮张氏双烈女庙碑》，同学们认为我写得不错。学校有时有写标语一类的书法任务，都让我干。当一个人所学的东西，能派上一点用场，也是一种莫大的鼓励。

1941 年我去北京，当了店员，在仅有的一点点业余时间里，我有时也偷着练练大字，没有人教，只有人指责，因为店规是不许可的。这时我开始爱上了汉隶，我曾经临过《史晨碑》。三天打鱼，两天晒网，我只能时断时续地学一点。

我真正听到讲书法有关理论，那是在 1944 年之后，这年我考入了国立北平艺术专科学校，在这里虽然没有书法课，但书法名家很多，先后我受过寿石工、罗复堪、溥佺、徐悲鸿等大名家教导。我看的书法真迹和影印碑帖也多了，真可说是大开眼界。

我上学的3年中临过《华山碑》《张迁碑》《曹全碑》，还临过孙过庭的《书谱》、唐太宗的《晋祠之铭》《蜀素帖》等。在这同时我也爱上了篆刻艺术。在校内由寿石工先生教篆刻，在校外我还跟金禹民先生学治印和治纽。金先生是刻苦自学成才的，他的求学治学道路，给我树立了榜样。我在学习期间条件是非常困难的，我克服这些困难的力量，有很大一部分来自金先生给我的无言之教。

我是1947年9月毕业于国立北平艺专的。如果有人问我这时的书法水平，我可以明确而且准确地回答他，相当于北京或天津一个区文化馆属下的业余书法创作班的水平，可这时我已经是27岁的人了，如果与现在的那些二十七八岁的青年书法家比，我真觉得惭愧，无法与人家相比。

新中国成立后直至1952年我调出来做行政工作，根本没动过笔，其后我调入天津河北师院教学，直到1956年之后我才又重操旧业，画起画写起字来了。这时我除写写隶书和草书外，也偶尔写写小篆。20世纪60年代之后，我有时也教一点书法，但由于我是业余的，而且是"三业之余"，首先是做行政领导工作，还得充当一个正式教国画的教师，剩下来的时间，本已不多，还得画画，作画之余，才能轮到作书。我连三天打鱼、两天晒网者都不如，所以我一直说自己是一个业余书法爱好者。

我真正在书法上下点功夫，应该是在20世纪70年代尤其是全国书协成立之后。1985年之后，我逐渐从行政和教学方面退了下来，时间逐渐多了，可我又得了心脏病，于是我又成了有病的"业"余者了。

二、我学书过程中一些有影响的人和事

开始给我奠定爱好和学习书法基础的人应是我的祖父和父亲。祖父和父亲都能写一手好书法，至少在我们乡里是数得上的，我常听到人家称赞他们的书法，给我留下一些印象。在我上小学时，我祖父和父亲连我是几年级、学期考试及格不及格都没问过一次，但他们经常看我的大字。尤其是祖父经常当着别人面把我的大字夸一通，这对我当时那幼小的心灵是一种鼓励。

在小学里在书法上对我有影响的要算郝果轩老师了。他能写一手很像样的何绍基的行草，他在所有老师中最受人尊重，因为那时在我们那里都是把写字当成衡量老师的主要标准。郝老师又经常谈一些何绍基乃至颜真卿的事，这使我知道了一点点可怜的书法历史，至少知道了这位何绍基大师。郝老师又是欣赏我的大字成绩的人，而且把我拉进写春联的"队伍"里，这些都给我留下很深的印象。我觉得写好大字

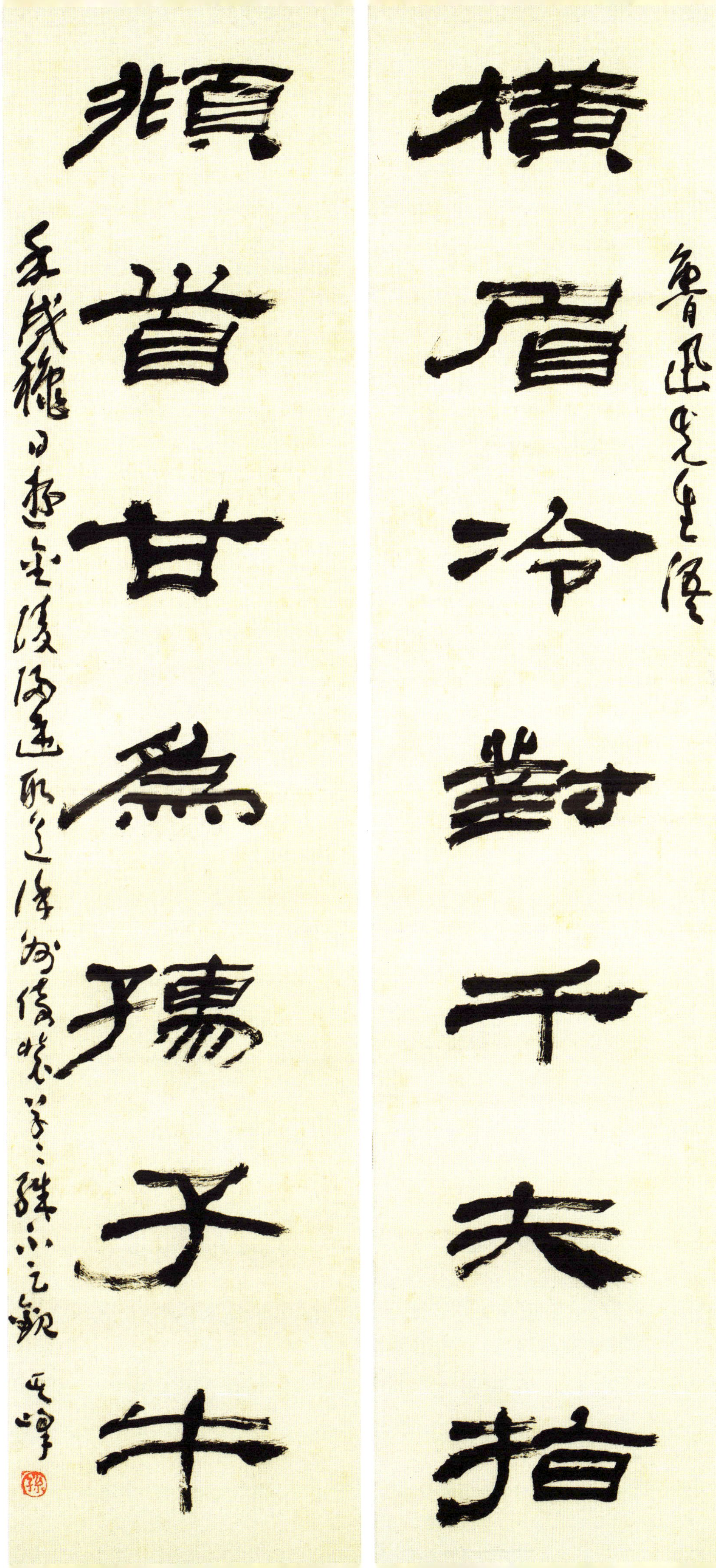
横眉冷對千夫指
頫首甘為孺子牛

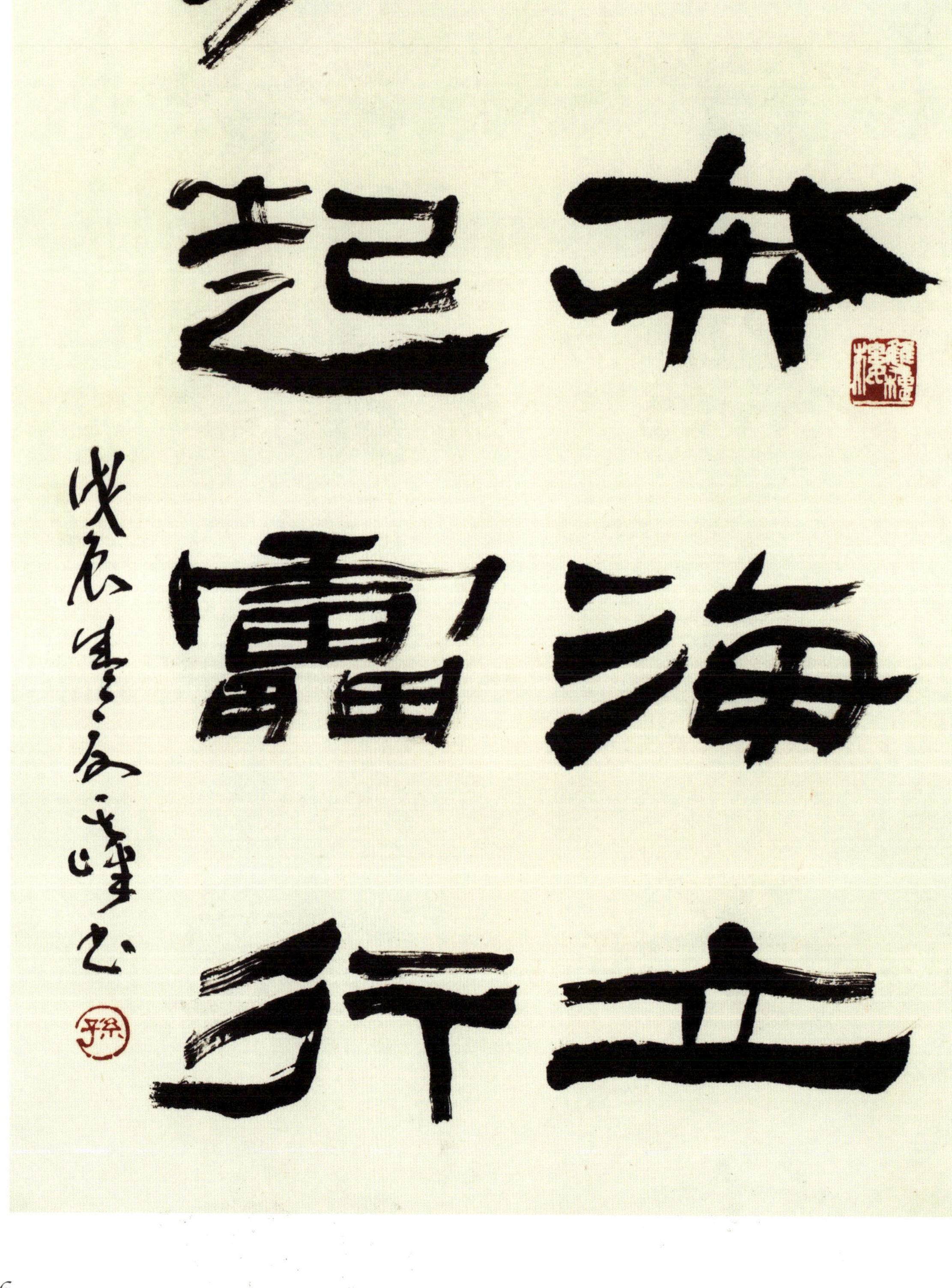

隶书作品

不仅是重要的功课，而且是光荣的、受人称赞的。至于其他，我则没想到。

我看到了真正的书法家，那是我中学时的美术老师徐人众。徐老师是国立北平艺专毕业的。他是齐白石和李苦禅二位大师的入室弟子，画画和书法都很好，求其书画的人络绎不绝。他还会拉一手好京胡，风流倜傥，是大家仰慕的对象。我虽然因为是低年级，够不上徐老师的特别照顾和指导，但他让我感觉到一个书法家是如何被人尊重的，特别是书画艺术是如何被广大群众喜爱的。大概在这时我有了一点点想法——将来我也要写好字画好画，甚至上大学当一名画家和书法家。

还有我的表兄王赓先，他是一位书法爱好者，写行、草、隶书都很好，他有次从北京回老家探亲，带了一本隶书字帖（《史晨碑》）给我，有时还给我写信讲一些书法，虽然来往不算多，更谈不上经常，但在我心目中，他仍是一位我学习的榜样。特别值得一提的是我喜欢隶书的兴趣是由他最先引起的。

我在国立北平艺专上学时，那里的书画老师很多，专业书法家如杨啸谷、罗复堪、寿石工等，画家善书的也很多，如溥松窗、秦仲文、吴镜汀，尤其是徐悲鸿校长。在那里我开始正式学习书法方面的有关知识和理论。老师们的观点虽然不尽相同，但都是我前所未闻的。他们有的论点，甚至在我的书法创作中始终起着作用。

我初到北京经常趁外出送货之机，欣赏和学习北京街头的门市牌匾，这些牌匾都是名人手笔，到处可见，简直是一个长期性的大型书法展，这是当时我最喜欢看的一部大型“书法集子”。

另外，我经常到中山公园去看书画展览，有时我还去琉璃厂字画店里去看字画。这些场合，无疑给我学书学画提供了无偿的范本，对我学书起了很好的作用。

三、我学篆刻

我学篆刻是在上国立北平艺专二年级时才开始的。那时我已经是 25 岁了，现在有许多人 20 岁左右已经刻得非常好了，而我才刚刚起步。如果拿种地来打比方，我是晚谷子，穗是长了，但不饱满。

教我篆刻的老师都是名家，有寿石工和金禹民二位先生。我是从仿汉印入手的，阳文我特别喜欢赵之谦，近代吴昌硕、陈师曾我也非常喜欢。

我学治印更是业余的。在我的时间分配表上，治印是应排在第三四位的。“文革”之后我有 20 多年没动过刀。现在也很少刻。除了偶尔刻几方自用印，我很少为外人刻图章了。1989 年，我的房拆建，我借住在一个医院仓库里，那里画画不便，我又重操旧业，刻起印来。这回开始治印，我不再喜欢汉印，而是上溯周秦，有时还喜欢刻一点隶书的。

因为长期不刻，手生得很，但我的治印态度还是很严肃的。为了刻一方图章我总是先写印稿，有的甚至超过200次，记得在1990年左右，我曾经刻了12枚生肖肖形印，刻前我画了整整两本肖形印的印稿。

在研究印章的章法时，我常常把它与绘画构图学贯通起来，对照着探索。我觉得二者在微观上固然有明显的区别，但在宏观则是相通的、一致的。什么一致？这就是那个理，矛盾的共性。所以我在治印设计印稿，特别是章法的推敲上，常常不自觉地参照了花鸟画的构图，同样，我在画花鸟时也经常从治印章法中“引渡”一些矛盾对立统一关系。诸如有无、繁简、多少、疏密、纵横、俯仰、强弱、清浑、刚柔、曲直、避让等。我经常对着图章当画看，反过来，也对着画当图章看。我刻图章并不多，但我始终喜欢看图章，尤其愿对着自己或人家的图章来推敲，甚至有时自己重拟一个印稿。我常想，我的治印是嫁接在花鸟画上的。我虽动刀不多，用脑刻却是蛮多。

我的画上所用的图章，自70岁（1990年）之后，都是我自己刻的。有时图章已用了几年，当我有了新的想法，往往在上面再加补几刀，我想后世鉴定我画者，如果不看见我这一泄底的自白，恐怕还得纳闷呢。

四、我的学习方法点滴

我开始学书，只知道临摹，后来听人家说“取法乎上，仅得乎中”，于是我就以此为奋斗目标，学一些书法界高手，如颜真卿、赵孟頫等，方法还是临摹。目的是什么，心中也没数，笼统地认为只要临摹就会写好的。1980年中国书法家协会成立后，报刊上有关书法学习和创新的文章多了，我在思想上也相应地有了变化。现在就说说我学隶书和简书的情况吧，从这里也可看出我学书方法的一斑。

我学隶书早于学简书，在上国立北平艺专时曾学习过一阵子，那当然是临摹。有时我也试把几个碑融会混合一下，我曾经把《史晨碑》《华山碑》《乙瑛碑》《曹全碑》《礼器碑》混为一体，虽然没写出个名堂，但从学习方法上也算有了一点点进步。记得孙过庭有句话叫“思则老而愈妙”，在我60岁以后，我也觉得自己在对问题的看法上有了进步，不再那么简单、忽左忽右，更不把脑子交给别人代我思考。在书法学习上我开始有了新的变化。我在65岁后开始学汉简，我不再像学汉碑时那样一

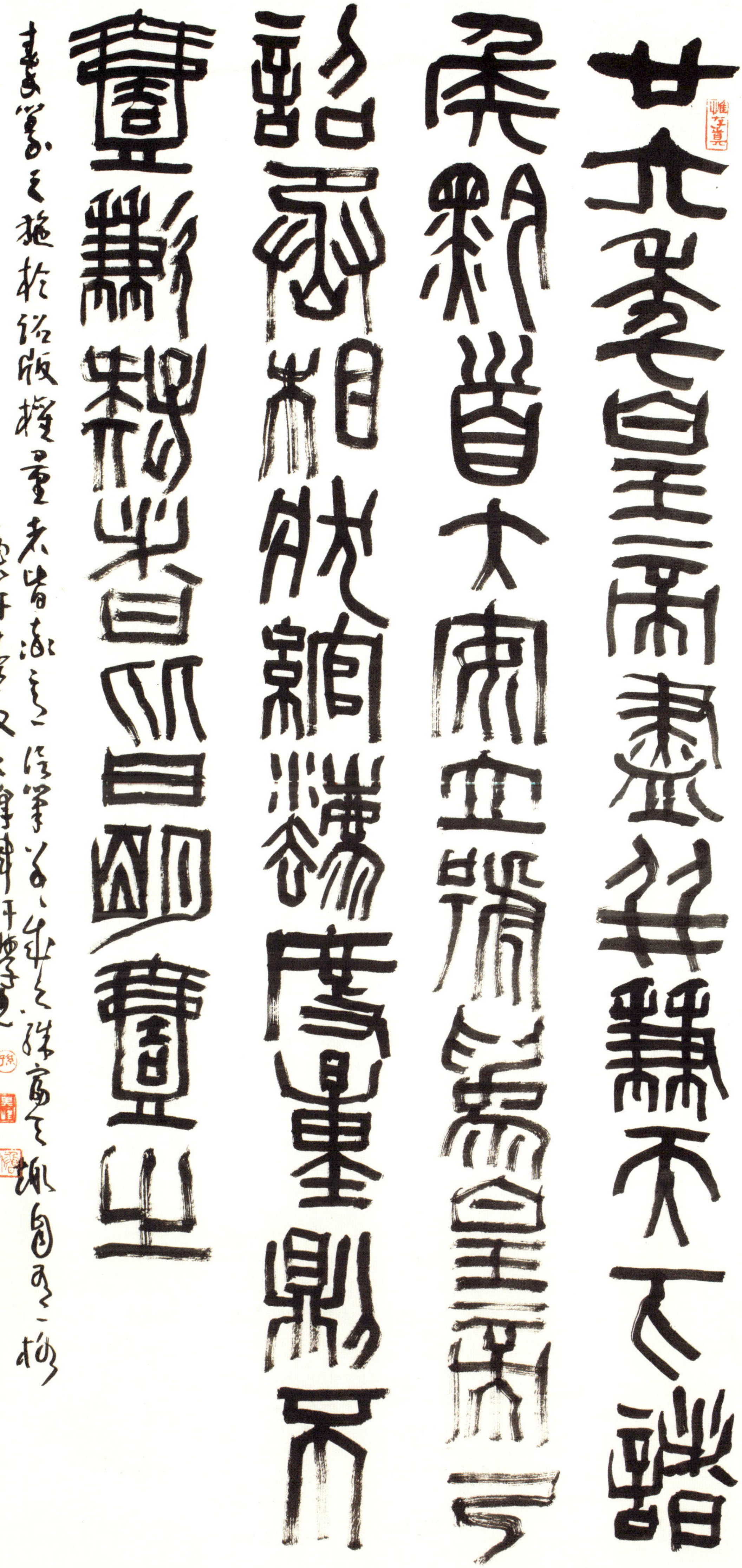

篆书作品

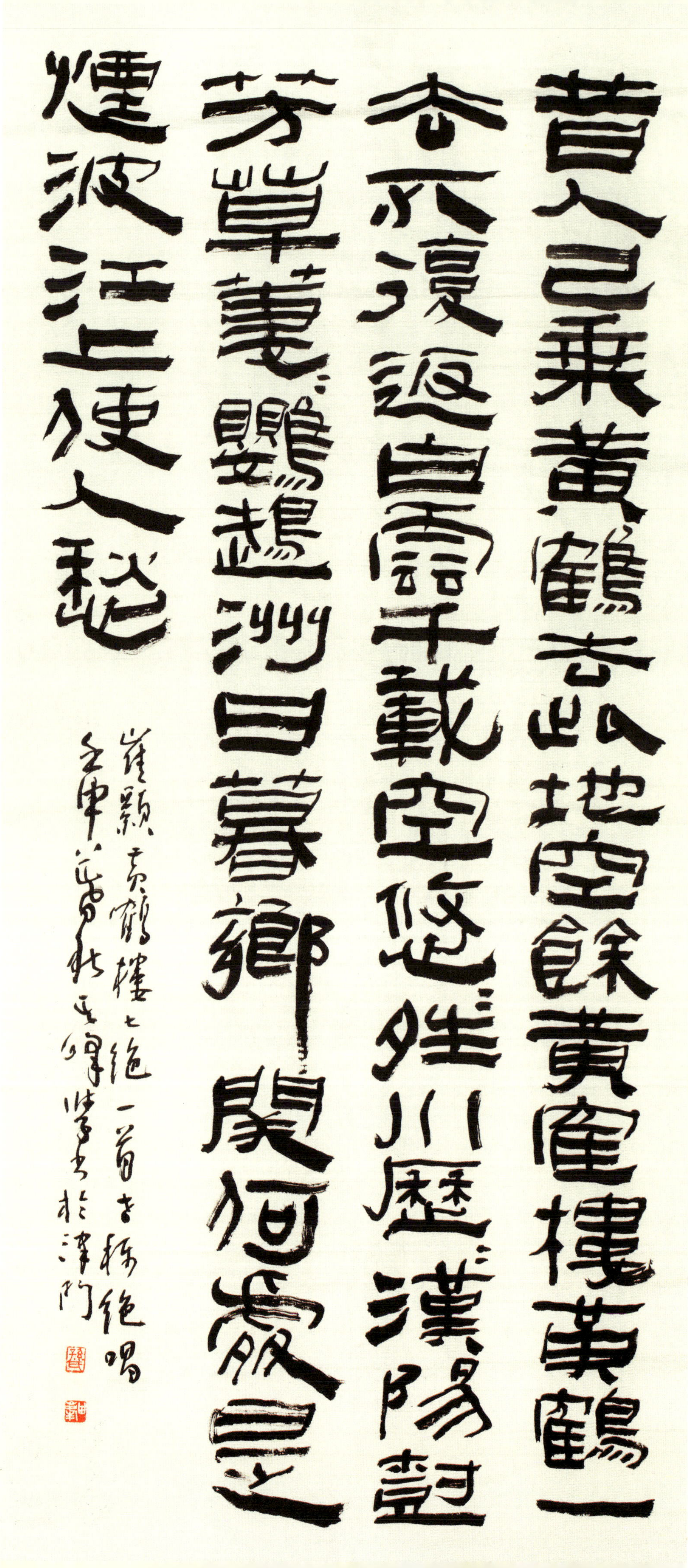
昔人已乘黃鶴去此地空餘黃鶴樓黃鶴一去不復返白雲千載空悠悠晴川歷歷漢陽樹芳草萋萋鸚鵡洲日暮鄉關何處是煙波江上使人愁
崔顥黃鶴樓七絕一首古稱絕唱

隶书诗一首

味临摹了，也不像有人那样囫囵吞下，而是挑肥拣瘦、择善而取。因为写简的人并不像写碑的书法家，写简大半是士兵或下级军官中仅会写字的人所为，虽然也有水平较高的（如《甘谷汉简》），但那只是少数，多数简书都是信手草草为了实用而出的，而且草篆混杂。我写简书，取的是较严谨的隶简，我是从居延、敦煌等简书大本子中，借助放大镜来选取临写对象的。有时我还从众多的简书中摘取较为规范美好的点画，根据简书精神、风格来重新“组装”。在组装过程中，我也经常借助一些简书字典（如日本佐野光一编《木简字典》等），来印证参考。在排列与结字上，我都使简书与我已掌握的汉碑知识和技法结合起来。所以我自己认为，我现在的隶书，是简书与碑书（汉）的“杂交品种”，是以汉碑为母本嫁接简书的。

我常想，如果把书法家用功的方式分为两种，一是“力攻”型的，另一是“智取”型的，那么我则是偏类后者。像我这样又工作又教学的人，不可能像有些人那样老老实实地临帖、下苦功。我只能根据我的情况来“出奇制胜”了。我知道人家会说我这是旁门左道，可我还自赐嘉名曰“智取型”，我知道人家会把我这种不老老实实下苦功的做法叫作投机取巧甚至是走机会主义路线，这我就顾不得许多了，因为对我这没有时间的学书者来说，这是最佳的选择。

在学书方法上我还有一点遭到一些人反对的，那就是“以书入画”。我在画花鸟画时，是不择笔的，羊毫、狼毫，长锋、短锋，尖笔、秃笔……我都用，作书时我也同样不择笔，而且从思想上设法让画意写进书法里。我深知反对这一点的是大有人在的，连马宗霍这样的大理论家，在他的《书林藻鉴》里评论吴昌硕的篆书时就认为吴书篆以画藤之法为之，所以“篆法扫地”矣。我想，如果有人也这样说我，那么，我就做一个“扫地派”吧！

1996 年 4 月

治印小记

1944年我考入国立北平艺专，设有治印课，我学治印是从这里开始的。治印教师是名金石家寿石工，但他教课不是那么认真，老实说，我真没学到什么。如果说我有什么收获的话，那只是从此我对治印产生了浓厚兴趣。一个偶然机会，我在同学的介绍下认识了金禹民先生，这大概是在我上二年级的时候，从那时起我几乎每星期都去金先生家一次，他很赏识我这个穷学生，我则尊敬他的为人，我就这样成了金先生的入室弟子了。金先生是治印名家，又是治印纽高手。我在学习治印之余，也学学刻印纽，可惜新中国成立后我没坚持继续学习这一技艺，没能把金先生这一绝技传下来。金先生的印风比较规矩，他追摹黄牧甫、赵之谦的阳文，兼涉吴昌硕等人的风格，我在金先生的门庭里对治印的基础技能算是掌握了。新中国成立后，我在治印上中断了很长一段时间，其后因教学的需要我又恢复了对治印的学习与探求。1960年前后，我在追求新的印格，主要我想从篆刻的“圈子”里解脱出来。当时我试探着从汉隶和魏碑入印，刚刚有了个眉目，“文革”浩劫来了，我治印的兴头从此再也没恢复起来。现在虽然偶一为之，也只是刻几方自用印，或迫不得已刻一些应酬之作。

虽然在治印上我没取得什么进展，尤其没创出一新风格来，这是我常常引以为恨的事情。但细想起来，治印的章法与刀法却渗入了我的画法中，在我的用笔和构图中都留有治印艺术的养分在内。

隶书对联

我刻图章是在教学和作画之余进行的，我只以此为乐调剂生活，因而是间断的。我从汉印入手，上溯周秦，除刻秦汉风格的印之外，我还喜欢以汉隶和魏字入印，也自有趣。

虽刻印不多，但我多次进行篆刻教学，所以需要努力研究，这使我虽然在“文革”后间断20年之久，还没有退步，可以说是“动刀不多，用脑不少”。

我治印在态度上是严肃的，有时一方印的章法就要改写三四十次甚至更多次。可也有许多印稿一直未奏刀，只是在印稿上做做章法的学问和练习。

我在经营图章的章法时，常常借鉴花鸟画的构图；同样，在处理花鸟画的章法时，也常常从治印的章法中“引渡”一些虚实、强弱、繁简、疏密、纵横、俯仰等关系。我有时把画的构图当作图章看，有时也把图章当作画来看，我常常从它们的“不同”中找出“相同”的东西。

春上枝头

蕉荫护禽

人民美术家·孙其峰

艺术心语

YISHU XINYU

“六法”散论

南齐谢赫提出的论画“六法”，经历了1500余年的历史考验，依然在画坛上熠熠闪光，这充分说明了它在绘画理论发展史上的价值。在其流传过程中不时有人给予新的解释和修正，这些解释和修正许多可以视为对六法理论的充实、发展和完善。然而，就其后世种种解释的影响而言，似乎都未能超越“六法”的本身。新中国成立后，在党的百家争鸣、百花齐放的文艺方针指引下，一些文艺理论工作者开始运用辩证唯物主义和历史唯物主义的科学世界观和方法论解释“六法”，不断取得新的研究成果。在这些成果中，刘海粟、刘纲纪、王伯敏等人对“六法”的研究尤为引人瞩目。但也毋庸讳言，在“六法”研究中确乎存在着值得商榷的地方。一是对“六法”解释的神秘化，以致把极为明了的论题说得玄妙费解。二是对“六法”研究的概念化。研究者并不注重结合绘画发展的历史情况，甚至脱离绘画实践的本身，从文字到文字，就概念谈概念，或搞烦琐考证以穿凿附会，或割裂字义来故弄新奇，凡此种种，实在有碍于对“六法”的正确理解。

“六法”出自谢赫所著《古画品录》一书，“六法者何？一、气韵生动是也；二、骨法用笔是也；三、应物象形是也；四、随类赋彩是也；五、经营位置是也；六、传移模写是也。”

顾名思义，“六法”是讲法则的，自然归属于方法论的范畴。而法则又总是受世界观制约和支配的，故“六法”也必然有其特定的指导思想。这一点谢赫本人已

孙其峰六一儿童节为小学生们作画

有清楚的说明，他在序言中写道：“图绘者，莫不明劝诫、著升沉，千载寂寥，披图可鉴。”并强调所品评的画家起自三国止于南齐，至于更早一些的画家，因为“传出自神仙，莫之闻见”，便不再著录。由此可见，“六法”的指导思想既不是佛家，也不是道家，而与儒家“劝善惩恶”和“兴废之诫”的理性精神一脉相承。这乃谢赫品评众画优劣的根本原则和重要前提。如果说“六法”是绘画方法上的美学原则，那么“明劝诫、著升沉”无疑是品评画家的政治思想原则。明确了谢赫提出“六法”的指导思想，就容易廓清那种错误地将“六法”视为不可改易的金科玉律的种种论调（宋人郭若虚认为“六法精论，万古不移”就是这种论调的代表），也可以纠正有些人硬把“六法”中包含的美学原则与其指导思想混为一谈的偏颇。

从历史唯物主义的艺术观出发，谢赫的“六法”理论显然是对顾恺之“以形写神”论的发展和进一步完善，亦可以说是“以形写神”论的具体化。我们认为“骨法用笔”“应物象形”“随类赋彩”“经营位置”主要是为了解决“神”所依附的那个“形”，而“气韵生动”则是指与“形”相对立且统一的那个“神”。这可以从谢赫对二十七位画

望春图

四喜图

家的有关评述中得到印证。如评张墨、荀勗说："风范气韵，极妙参神。但取精灵，遗其骨法。若拘以体物，则未见精粹；若取之象外，方厌膏腴，可谓微妙也。"又如评顾骏之说："神韵气力，不逮前贤；精微谨细，有过往哲。"再如评晋明帝说："虽略于形色，颇得神气。"评丁光说："笔迹轻盈，非不精谨，乏于生气。"在

飞鸟出林

觅食图

这些评论中，谢赫是将“气韵”“风范”“神韵”“神气”“生气”等词归为一类的，而“形色”“精谨”“体物”等词则与之相对。但是谢赫的“气韵生动”较顾恺之的“传神说”有着更为广泛的含义。因为“气韵生动”是指整个画面赋予人们的总体感受，它已不再局限于对个别人物的传神写照上，而旁及画面上人物之外所

孙其峰夫人杨锦屏女士出生地招远县原疃村故宅

描绘的一切。不言而喻，这一感受的深度，取决于作者的感情和作品对物象本质揭示的深度以及艺术形象塑造的优劣巧拙。换言之，取决于作者在作品中对物象的“形”与“神”的统一表述上所达到的艺术高度。可见，画面上对于“形”的描绘是应服从于“气韵生动”的。“气韵生动”虽然在某种意义上说是抽象的，但它是源于整个画面形象的，是作者对客观物象进行观察、体验、理解和提炼的结晶。它已经不是物象形体的表面再现，而成为物象内含着的生命力和本质特点的生动彰显。因此，它不是画家亲眼所见的，却是画家身有所感、心有所会的东西。这种具体化了的抽象美，或说是具体物象的本质美是抽象的、精粹的，又是内涵的、实在的。很自然，“气韵生动”的绘画法则已经拉大了艺术与客观物象的距离，从实质上增强了艺术的表现能力。它除了浓缩物象本身的自然美，还凝聚着作者的创造之美。有人说“气韵生动”充分体现着我国传统艺术的美学原则，是不无道理的。唐人张彦远似乎也把“气韵生动”奉为艺术的最高法则，他指出：“以气韵求其画，则形似在其间矣。”

人所共知，任何绘画理论必然是其特定时代的绘画实践的总结。谢赫之所以将顾氏的“传神说”发展为“气韵生动”，必然与当时绘画发展的实际状况相一致。

双栖图

尽管谢赫善于“写貌人物”，尽管当时人物画还在画坛上居于统治地位，但是离开人物而逐步独立出来的山水画和花鸟画已处于草创时期了。刘宋时期的山水画家宗炳和以善画蝉雀著称的刘胤祖、刘绍祖兄弟以及稍后的南齐时期的蝉雀画家丁光等人的创作都充分证明了这一点。正是在这种形势下，较顾恺之的传神论有着更为广泛适应性的“气韵生动”的理论便应运而生了。“气韵生动”当然主要是针对人物画创作而说的，忽略了这点，就不能理解六法论的本意。但是，如果单纯把“气韵生动”归为人物画的理论，也是不够允当的。

“骨法用笔”是“六法”中相当重要的一法。其核心内容是讲“用笔”。“骨

报春图

法用笔”即指以笔植骨的技法。或言之，画面的骨干部分是靠“用笔”来表现的。“骨法”一词在当时语汇中是通行的常用语。在骈俪文体风靡文坛的六朝时期，谢赫特意将“六法”排列成“气韵生动”“骨法用笔”等四字一组的骈句形式是不足为奇的。因此，如果将“骨法”一词加以过于烦琐的考据，而诠释为绘画以外的种种含义，实在不甚必要。我们知道，与注重阴阳向背的西洋画不同，“中国画则专讲笔墨勾勒”（清人松年《颐园论画》语）。南齐时期虽未强调“墨”的妙用，但勾勒已作为绘画之骨被明确地提出来了，当时居于画坛主流地位的人物画便属于勾染一路。“骨法用笔”正是对这种实际情况的总结。唐代张彦远对此解释得极为透彻：“夫象物必在于形似，形似须全其骨气，骨气形似，皆本于立意而归乎用笔”（见《历代名画记》）。在这里，张彦远是将“用笔”作为“象形”“立意”的基本手段来立论的。他决然将“用笔”与“立意”相为表里，并以此作为完成物象形似的根本，可以想见古人的用心。应该指出，“用笔”问题是不可等闲视之的，它是构成民族传统绘画特色的重要元素之一。目前有些人对“用笔”的重要性估计不足，甚至错误地认为“用笔”只局限在造型手段方面，忽视了“用笔”作为一种形式的相对独立性的一面。有一个时期，似乎谁一接触到“用笔”的相对独立性，就被认为是“玩弄”技法的“形式主义”者。在中国画的教学与学习中，也有忽视“用笔”的倾向。例如，认为有了熟练的造型能力，就会自然而然地派生出用笔的技法来。试想只通过长期的素描与急就的速写，而不通过对传统绘画的临摹和书法的练习，能够彻底解决用笔的问题吗？理解中国绘画传统的人们知道，“用笔”不仅只练习腕力，今人熟谙种种笔法，重要的是用笔的轻重、疾徐、刚柔、方圆往往也是作者内在精神的流露和体现。观者从其倾注到画画的线的轨迹中，可以品评出其作为形式方面的独立的美学价值。古人津津乐道的“屋漏痕”“折钗股”等便在赞叹用笔的形式之美。

“应物象形”的本义指作者在认真观察物象的基础上，准确无误地把形象表现出来。就是说“象形”要“应物”，即画什么要像什么。谢赫在《古画品录》中评卫协说“虽不说备形似，颇得壮气”，评张墨、荀勗时说“若拘以体物，则未见精粹”，评蘧道愍、章继伯说“人马分数，毫厘不失”。可知“体物”“形似”而达到“毫厘不失”的程度，便是“应物象形”所要达到的目标。当时画坛尚处在追求“毫厘不失”的象形阶段，大多数画家如谢赫画人物那样，“点刷精研，意在切似。目想毫发，皆无遗失”，以竞尚酷似毕肖为能事。这比前代画坛那种“水不容泛，人大于山”的不甚象形的状况显然是一种值得肯定的进步。绘画艺术发展史表明，绘画到了“酷似”阶段以后，画家往往会自觉或不自觉地步入追求“不似之似”的更高阶段。谢赫时代的绘画基本处在追求“应物象形”和“以形写神”的时期，因此不可能出现“应物造形”乃至“应物变形”的理论，后来画坛上不拘形似的说法，如“论画以形变，见与儿童邻”“得之于象外”“逸笔草草、不求形似”“意在牝牡骊黄之外”“遗形取神”“离象而求”“不似之似”“不似似之”“妙在似与不似之间”等，均出于宋元之后，乃传统绘画发展的必然。

“随类赋彩”的意思是说“赋彩”要有客观依据，要随物象类别的不同而分别对待。这是对“应物象形”的必要补充和完善。“随类”便是“赋彩”的原则。“类”已经是比较抽象的概念了，它不再专指哪一个。如画白花，可以将不同季节和不同时辰的白花归为一类，也可以将不同品种的白花以类统之。至于光线的明暗和地域的差异，允许不做考虑，仅要求画家赋彩时充分尊重客观物象的固有色，而色彩恰恰是根据这个极为概括的“类”赋就的。这种有别于西洋绘画的赋彩方法，使中国画的设色在世界画苑里独树一帜。另一方面，既然“彩”是人为地赋予画面的，那么其中必有作者的主观意图在，也必然包括作者的创造性在内。不言而喻，谢赫所说的“随类赋彩”是为了真切描绘物象而采用的必要手段之一，是完全服从于“气韵生动”之要求的。这与谢赫时代的绘画已从汉画那种“迹简意淡”发展到“细密精致而臻丽”的具体状况有关，也和西域佛教画的设色影响不无联系。画家们在其特定时代的艺术潮流里更加重视对赋色的研究，本是十分自然的事情，“随类赋彩”便是这种研究的一个出色的总结。

“经营位置”是指绘画创作中的布局问题。顾恺之早有“置陈布势”之说，谢赫又有所发挥，认为绘画中的“位置”应该有所“经营”才好，从而强调并肯定了画家进行创作时理应具有的主观创造精神。正因为中国画中的各种物象的“位置”是画家们意匠“经营”过的，故能较好地摆脱自然状态的束缚，而达到高于自然的“妙而不真”的艺术境地。它可以不为焦点透视的法则所囿，能够将万里长江、千寻华岳、历史故事以及房前屋内的景物同时纳入一图，从而在一定程度上冲破了时间、空间的局限，真正达到了晋人陆士衡在《文赋》看所说的“笼天地于形内，挫万物于笔端”的要求。所谓“经营位置”，略同于今天常用的绘画术语“构图”或“章法”。“经营”一词见于《诗经》：“经始灵台，经之营之。”引申为筹划营谋。而“位置”一词则与“经营”不可分割，显然指被画家惨淡经营过的绘画表现上的“位置”，绝不是指自然物象的本来位置。写到这里，我们深深感到解释“六法”，理应从绘画实践出发，使理论从实践的根蒂上升华。绝不可为解释而解释，于实际无所补益。如有的同志一反一千余年的习惯读法，硬将“气韵生动”“骨法用笔”“应物象形”“随类赋彩”“经营位置”“传移模写”这些已经约定俗成的绘画术语拦腰斩断，认为应该读作“一、气韵，生动是也；二、骨法，用笔是也；三、应物，象形是也；四、随类，赋彩是也；五、经营，位置是也；六、传移，模写是也”。这样断句可能也有一面之理，但说“气韵，生动是也”或许能通，若言“随类，赋彩是也”则不免滑稽，可见新断句法有乖文义，且存顾此失彼之嫌，恐怕难以服人。

“传移模写”相当于现在所说的“临摹”。《古画品录》评刘绍祖说：“善于传写，不闲其思……时人为之语，号曰“移画”，然述而不作，非画所先。”谢赫在这里将“传移模写”解释为“述而不作”，解释为“移画”，毫无疑义是指忠实于原作的准确无误的临摹。因为谢赫时代，绘画遗产已相当丰富，可资后世临摹的艺术精品亦颇为可观。我们从《古画品录》的零星记载中可以看出许多画家之间明显的师承关系。如西晋卫协师法三国时之吴人曹不兴，张墨和荀勗师法卫协，刘宋时期的顾骏之又师法于张墨，如此等等。中国绘画正是这样代代相传的，而相传的重要手段和学画的起始方式便是临摹。况且古人也常常把成功的临摹视为一种创作（直到新中国成立依然有人将临摹画当成创作展出）。显然，在没有印刷复制古画条件的时代，“传移模写”毕竟是一项延续绘画生命的必不可少的工作。当然，作为一位成熟的画家，单靠“传移模写”是远远不够的。故而谢赫将其排为“六法”之末，唐代张彦远在《历代名画记》一书中也认为传移模写“乃画家末事”。

那么，“六法”之间的关系是怎样的呢？明人汪珂玉在其《跋画》中有一段精彩的论述：“谢赫论画有‘六法’，而首贵气韵生动。盖骨法用笔，非气韵不灵；应物写形，非气韵不宣；随类赋彩，非气韵不妙；经营位置，非气韵不真；传移模写，非气韵不化。”这就是说，“六法”应以“气韵生动”为基本法则，用“气韵生动”统领其他五法，并贯穿于五法之中。“气韵生动”系指绘画产生的总体效果，故而用笔也好，象形也好，赋彩也好，构图也好，临摹也好，都应该着眼于总体效果，并从各个方面为总体效果服务。“六法”中后五法是具体可见的，唯独第一法是抽象的，能意会却难以笔传。因此可以说，后五法是达到第一法的途径和必要手段。而这种效果和手段应该是自始至终统一着的浑然一体，是不容肢解的。从一定意义上说，“六法”已经概括地总结出民族绘画的优美之处，将气韵之美、笔法之美、造型之美、赋彩之美、章法之美、传统之美集中到一起，熔铸于一炉。谢赫这一成功的总结，奠定了他在画坛上的卓越地位。

飞鸟图

（本文为孙其峰与王振德合撰）

传统绘画中辩证法的运用

民族绘画传统中关于辩证法运用的成就是突出的。不论是从古代的画论中，还是从遗留下来的一些口诀中，我们都可以充分看到这一点。这些成就的取得，雄辩地证明了我们民族绘画传统的悠久与伟大，也雄辩地证明了伟大祖国文化遗产的丰富多彩。

民族绘画关于辩证法的运用是很广泛的。从艺术观点、创作思想、笔墨运用以至经营位置各方面，都可以看到历代画家与理论家们是如何理解和运用辩证法的，同时，也可以看出他们在这方面所达到的高造诣水平。

首先，让我们从民族绘画的创作思想和创作方法这一范畴上看一看辩证法的运用吧。关于形与神，在很久远的年代里，聪明的画家与理论家们已经把它当作是对立统一的两个矛盾方面来看待的。他们既指出了形与神的对立关系，也肯定了二者在绘画创作上的统一关系。所谓“形神兼备”（或曰“形神备赅”）就是形与神对立统一关系的简要概括。承认形与神的对立统一关系，但也不是不分主次地看待矛盾的两方面，因此又提出了“以形写神”来进一步地开发矛盾的主次关系。在这里“神”显然是被当作了矛盾的主要方面的。在山水画的创作上，是要求有情有景的，要求情景统一的。石涛和尚在他的画语录里提出“运情摹景”，这就是说，山水画的创作要把写景与运情结合起来。作为山水画的创作来说，只有“摹景”固然会陷进自然主义的泥潭，同样，只有“运情”或是片面地强调“运情”，恐怕也会变成了主

孙其峰与弟子吴守明在一起

观主义吧。我们从石涛“运情摹景”的论点里，既看到了反自然主义的精神，又看到了辩证法的运用。与“运情摹景”一相类似的说法，便是“外师造化，中得心源”。这是把创作当成“主观”与“客观”统一的辩证看法，也正是一切现实主义艺术创作的共同要求。

“得心应手”或“心手相应”是民族绘画创作方法运用辩证法的另一个方面。所谓“心”，即绘画的主题思想（也包括预期的一些笔墨效果等），也就是“意在笔先”的“意”字；“手”是指表达主题思想的技术。心与手是有矛盾的，但在创作上二者必须得到统一，“得心应手”正是把矛盾统一起来的正确方法。古人也有把“得心应手”称为“意到笔随”的。这一提法，不仅为“得心应手”或“心手相应”作了注解，同时也指出了“笔”要服务于“意”的主次关系。如果把“得心应手”和“意到笔随”的含义作进一步的延展，那么我们可以看到，民族绘画在创作上既要求画

枝头双栖

望月图

家在创作之先对他所要表现的对象有充分的认识和记忆，在创作过程中，又要求画家有能够为主题服务的熟练技巧。一个画家达到这样的水平，大概就算达到了所谓“宽闲自在”的“化境”吧。

如果说，目前在我们的画家当中，存在着一种只有“准确”的素描造型能力，而无理解和记忆形象的能力的看一眼画一笔的情况，那么，这正是由违反了“得心应手”和“意到笔随”的辩证法则而导致的。

其次，让我们从笔墨运用上看一看，民族绘画是如何理解和运用辩证法的。民族绘画用笔的方法，那真是多种多样的，例如关于笔锋运用的中锋与侧锋、藏锋与露锋、顺锋与逆锋、正锋与破锋，关于运笔的快与慢、轻与重、转折与顿挫，关于笔趣的巧与拙、刚与柔、光与毛、清晰与浑化、谨严与荒率等。用墨的方法和用笔的方法一样丰富多彩，除了所谓浓、淡、干、湿，还有色泽光润的“嫩墨”与以笔见长的“老墨”，水墨淋漓的“泼墨”与枯涩凝重的“焦墨”，甚至浓、淡、干、湿相互“破”“立”的“破墨”和层层堆积的“积墨”等，所有这些用笔用墨的方法，都充分体现了辩证法的精神。现在就以用笔诸法则中的刚与柔、中与偏和用墨中的浓与淡为例来说明我国历代画家与理论家在这方面所持的辩证观点。刚与柔的辩证关系，在传统上

山涧奇花

石畔玉簪

是用“相济”二字来概括的，这是说，用笔要有刚有柔，刚与柔要相互生发、相互补充（亦即刚柔相济之意），认为“太刚易折”，“太柔易废”，只有把刚与柔——对立着的两个方面统一起来，才会产生好的艺术效果。中锋与侧锋（也叫正锋与偏锋）的运用也是很巧妙的。在具体的创作过程中，中锋与侧锋结合着描绘和表达各种各样的质感。齐白石画群虾在运用中锋与侧锋上是有着很突出的成就的，虾节上卧笔横下的几笔侧锋笔，不仅如实地刻画出浸溶在水中虾身的半透明的质感，同时也和细长而软中带硬的中锋虾须形成了对比。效果上，二者“相反相成”“相得益彰”。

墨法上的浓与淡，也是根据辩证统一关系来处理的。在传统上，从来是把浓与淡联系着看的，“浓淡相生”就是这种辩证统一观点的总结。浓不是被看成孤立的，淡也不是绝对的，“浓无淡不显”，“淡无浓不立”，浓可以生淡，淡也可以生浓。国画，由于工具的关系，在表现上是有一种局限性的，它只能画黑而不能像素描那样在画过黑的地方再画白。聪明的古代画家们打破了这一局限性，他们根据“浓淡相生”的法则创造了“以有画无”和“烘云托月”的间接画白的方法。这就是通过可以皴、擦、点、染的“有”来衬托出不能着笔处的“无”。例如表现月亮、云、烟雾等，本身并不着墨迹，都是借着周围环境把它烘托出来。又如表现白荷花，常常在淡墨勾成的花瓣尖上，提一二笔重墨，这样顿显花瓣白净无比。这些都是对“浓淡相生”的辩证法则的巧妙运用。

再次，我们必须指出，有关构图的诸法则，也是民族绘画传统中运用辩证法的一个重要方面。当然，外国也有构图法，例如为大家所熟悉的三角形、侧三角形、“十”字形、“S”形等。如果说这些从几何学的角度上总结出来的构图法则是停止在自然科学水平上的话，那么我们可以说民族绘画的构图法则已经达到了哲学的辩证法的高度。如果把古人发现和运用过的有关构图法的辩证法则归纳一下，便可以证实上述论点。在传统的构图法则上，首先主张要确立“宾主呼应”关系，“主”不仅是形式上的主体部分，而且也是内容上的表现重点；“宾主呼应”既是外在的联系，也是内在的联系。仍以齐白石画群虾为例，几笔慈姑叶（齐画群虾常以慈姑叶作背景），从用笔、用墨以及布局的关系中，我们固然可以找出它与群虾的宾主呼应关系，但更重要的应该说，由于添了几笔慈姑叶，含蓄地旁敲侧击地交代出虾所游息的水边环境，主体——虾的性格更为明确。

在构图的格调变化上是这样运用辩证法的：稳妥平正是总的要求，但反对“四平八稳”或“平平无奇”，要求“平中寓奇”或“纳险绝于平正”，把“平”与“奇”、“险绝”与“平正”结合起来，使构图在格调上“平正”而不“平板”，“险绝”而不“失理”。这不能不说是对矛盾统一法则很巧妙的运用。唐孙过庭在他的《书谱》中曾论到险绝和平正的辩证关系。虽然是论书法，道理却可以通用，他说：“……初学分布，但求平正；既知平正，务追险绝；既知险绝，复归平正……”这一段话，不但指出了平正与险绝的矛盾统一关系，同时也指出了矛盾的主要方面——平正。在实践中，如果有人违反了这一法则，那么他便会走入极端。一种情况是一味平正，这种构图虽然没有明显不妥之处，但看起来“索然寡味”，更谈不到所谓“引人入胜”；另一种情况则是片面追求险绝，其结果不只是失掉了平正感，更严重的是“流于狂怪”，

春归大地

孙其峰与原人民美术出版社总编辑程大利合影

以致“失理”。

辩证法观点也同样被运用在构图的具体方法中。整体与局部关系是历来画家在构图过程中必须接触到的重要课题。在传统中是这样辩证地看待它们之间的关系：要求“远看”要有“气势”（即整体感），“近看”要有“笔墨”（即细节笔墨组织），要气势与笔墨统一，整体与局部统一，笔墨服从气势，局部服从整体，最后，取得“一气贯注之势”，如“天成”、如“铸就”的一般。如果从落墨与运笔的过程与方法的角度来看，也可以找出气势与笔墨、整体与局部的辩证关系。“大胆落笔与细心收拾”正是对这种关系的概括提法，“大胆落笔”意味着气势和整体把握，“细心收拾”则指笔墨的运用和局部的安排。所谓“收拾”，必须理解为在“大胆落笔”的前提下来“收拾”，也就是上面说过的笔墨、局部是要服从整体气势的。

其他关于“虚实”“开合”“纵横”“疏密”等构图法则亦莫不是辩证法的运用。“虚实”是关于构图以至用笔、运墨、设色等方面带有极大概括性的一种说法，也是极

林间精灵

蕉荫护禽

辩证的一种说法。在构图中虚实的运用极为广泛，它不仅是表现远、近、前、后等空间关系的手段，常常也是描写重点与非重点的方法。虚与实除了有着“相反相成”的“虚实相生”的关系，在构图的具体处理上还要实中见虚、虚中见实。这些，足够说明有关虚实运用的辩证观点与成就。“开合”是经营位置时处理各部分关系的总的说法。画面上的景物之间是存在着一种相互关系的，叫作“呼应”也好，叫作“顾盼”也好，总之它们之间不是无机的拼凑，“开”与“合”正是形容它们之间的“呼应”或“顾盼”的关系的。以倪云林的“六君子”为例，如果说近处的树与坡是“开”（景物的展开），那么远处的山是“合”（合拢的意思），简单的画面有“开合”，

觅食图

林中珍品

复杂的画画也有“开合”。画面有“开合”，正像人有“呼吸”、门有“开关”一样。用“开合”来说明构图法则，是我们的祖先们在这方面运用辩证观点极为重要的成就。“纵横”法则也是构图法则运用辩证法的一个组成部分。西洋构图中的“S”形和“十”字形也好，民族绘画构图中的“勾股”关系与“之”字形也好，其实都可以看成是对“纵横”法则的灵活运用。一幅画面上的主要的线是要有纵横、交错关系的，不能设想只有“纵”而无“横”的画画，同样，也不能设想只有“横”而无“纵”的画面。如果不是机械地看待“纵横”关系，那么山石的参互错纵的结构处理，树木枝干穿插交接的刻画以及屋宇的阴阳向背的安排，都可以看成是对“纵横”法则的

报春

竹林翠鸟

山水小品

运用。“疏密”也称“聚散”或“争让”，是经营位置中的重要法则之一，画面的景物要有疏有密，要疏密得当。所谓“分黑布白”或“计白当黑”就是指疏密关系而言的。

另外，在画家修养方面的“读万卷书，行万里路”的理论与实践统一的主张，在色彩方面装饰与写实统一的要求，在学习方法上的“入手法”与“出手法”的论点（或叫进去、出来），在诗画结合方面的“诗画相发”的做法等，无一不是对辩证法的运用，或者是“矛盾”法则的运用，或者是“联系”观点的发挥。

由于民族绘画深刻地、灵活地运用了辩证法，因而它在表现方法上达到了“细而不弱”“工而不腻”“粗而不野”“重而不死”“淡而不薄”“多而不乱”“简而不单”“密而不窒”“松而不散”“紧而不拘”的最高境界。

（本文选自《中国画》1959年）

玉兰花

贺新春

工笔画和写意画

当我们欣赏老画师齐白石的“残荷”时，常常这样说：“那么大的一个荷叶，只消三五笔便画成了。”可是当我们欣赏这位老画师所画的“秋蝉”时，却不禁会赞叹着说：“画得那么细腻啊，连翅膀上的纹路都画出来了！”“残荷”和“秋蝉”是属于两种不同的风格，前者叫作写意画，后者叫作工笔画。人们为了进一步地区别写意画的写意程度，又把写意分为大写意和小写意，此外还把介乎工笔写意之间的风格叫作“半工半写”，或者叫作“兼工带写”。无论是山水画、人物画还是花鸟画，都有工笔和写意之分。

工笔画与写意画的区别，只要从二者的表现形式上便可以看出来。譬如，画一朵牡丹花，写意画法只要用有限的笔墨（无论是勾勒或是点染），便可画得“神完意足”了。工笔画法则不然，它不仅要画出花的一片片花瓣，甚至还要把花瓣上的细微纹路都画出来。因此我们可以得出这样的结论：工笔画的表现要比写意画更严整和细腻。当然这并不等于说工笔画就不要洗练和单纯，也不是说写意画比工笔画在创作上就更容易一些。

如果我们要深究工笔与写意的区别的话，那么我们就不能单单停留在二者的表现形式上，必须追溯到作者的观察方法和认识方法上。这是因为一个画家的表现方法是取决于他的观察方法和认识方法的。我们对于事物的观察和欣赏，既有对整体气势的领略，也有对局部细节的探求。例如我们面对一盆菊花，一方面把它当作一盆花（即一个整体）来欣赏它的通体神态——全貌；另一方面也必然会一朵花、一片叶地细细玩味其局部结构的美。二者不能偏废（因为它们是统一而不可分割的）。当一个画家在表现这盆菊花时，就往往会强调某一方面。如果强调了前者，便接近写意画，强调了后者便接近工笔画，当然这只是相对的，二者之间也没有不可超越的鸿沟。

会有人不恰当地认为写意画不注意形似，甚至认为写意画是形式主义，这是不对的。写意画对形似要求的严格程度，与工笔画比起来虽有所不同，但绝不是不要形似。所谓“传神写意”也好，“不似之似”也好，都不是主张不要“形似”的，这只是反对“历历俱足”不加取舍的自然主义的表现方法而已。把写意画当作“形式主义”的“理由”，多半是说写意画太追求“笔墨”。不错！过去的确有些文人，曾经画过一些片面地追求笔墨的画儿，但作为我国写意画的传统来说，都与“形式主义”毫无共同之点。一切形式主义都是阉割生活内容的，我国的写意画则是要求“神完意足”的。“神完”与“意足”都是指事物内在精神的充分表现。只要看一看齐白石老师画的写意画“虾”，便可相信这一点的。

也有人把工笔画细致的刻画认为是自然主义，这是对工笔画的误解。工笔画之所以不同于自然主义，是因为它既不像自然主义那样不加取舍地平均对待所表现的对象，也不像自然主义那样对待它所表现的对象冷冰冰的无动于衷。现在让我们看一看老画师于非闇创作工笔花卉“牡丹花”的方法吧。老画师为了突出牡丹花的丰盛硕茂的气氛，他大胆地把春天丰满的花朵、夏天硕茂的叶子、秋天壮实的枝干集中到一个画面上。这种大胆取舍的精神，富于创造的手法，怎么能与自然主义混为一谈呢？

工笔与写意，都是我国民族绘画优秀的表现方法，在百花齐放的今天，它们都应该得到发展，多方面地去满足人们的欣赏要求，使祖国的绘画艺术更能繁荣提高。

（本文选自《河北画报》1959年）

猴石图

中国画的构图

民族绘画的结构也叫“经营位置”，或称“章法”。在1500多年前的画论中就可以看到有关这方面的论述，如南齐谢赫在《古画品录》中就把它定为绘画的“六法”之一。由此可见我们的祖先发现和运用构图法的历史是多么的悠久。同时，也不难理解民族绘画关于构图的经验和理论是多么的丰富。

民族绘画的构图法则不仅有着悠久的历史，更值得自豪的是，这种构图法则有着鲜明的民族色彩和优越的表现性能。

散点透视和焦点透视的结合运用，给民族绘画构图上的多样化开辟了广阔的天地，如为大家所熟悉的长卷、立轴、斗方等各种构图方式，正是民族绘画构图的重要的成就与特征。本文不打算在这方面多加说明，现在只着重把有关民族绘画的一些简要法则介绍一下。

一、宾主呼应

顾名思义不难解释，“主”就是一幅画的主要东西，“宾”就是主的陪衬的景物。以齐白石所画的“松鹰”（一只雄鹰，站立在一棵高大的松树上，同一章法他曾画过很多幅）为例，在这幅画里，“主”就是雄鹰，“宾”就是松树。鹰和松树不仅在形式上有联系，从内容上看也是有着联系的。高大的松树正是鹰所栖息的环境，鹰有了松，性格就更突出了。因此，古人将主与宾这种形式上的联系（外部联系）

山水写生

和内容上的联系（内在联系）叫作“宾主呼应”。构图上分宾主，这意味着民族绘画是反对平均对待的，这也是现实主义创作方法和表现方法的准则。

二、虚实相生

在构图上除了有宾主关系，还要有虚实关系。虚和实是矛盾而相互联系着的两个方面。一般来说，实就是有笔墨或是笔墨多的地方，虚就是无笔墨或笔墨少的地方。如在山水画中常常把近处的东西、前面的东西以及重点表现的东西画实，把远处的东西、后面的东西和有意冲淡的东西画虚。在山水画中前面画了一丛树，如果树的后面再画山石，那么就应该把山石画得虚淡一些。这样，树与山石的空间距离就表现出来了。没有虚就显不出实来，反之，没有实也就没有所谓虚了。因此，我国的画家把这种虚实的关系看作是相反相成的辩证关系。初学画的人，往往只敢画实，结果，画面由于过实就显得堵塞了。“虚实相生”是民族绘画构图上的重要法则之一，

竹石麻雀

秋趣图

同时它也是用笔、用墨、设色等方面的重要法则。

三、开合起结

“开合起结”是历代的画家和理论家对画面上各个部分的安排、穿插、呼应、对比、和谐、统一诸关系的简要概括。“开”是展开的意思，“合”是“开”的对立面，即合上的意思。“起”是起始，“结”是“起”的对立面，即结住的意思。一幅画的画面上的景物是有开有合、有起有结的，如山水画景物的布置，起始从一边展开，最后再从另一边收住，这样就使矛盾着的两个方面统一起来。我们不能设想只有“起”而无“结”的文章，同样，也不能设想只有“开”而无“合”、只有“起”而无“结”的构图。无论多么复杂的构图，都可以用“开合”来概括起来。一幅画可以看成是

喜鹊登梅

园中奇花

一个大“开合”，大“开合”中又包含着许多小的“开合”，但无论有多少“开合”关系，其最后效果必须是和谐统一的。

四、纵横曲直

民族绘画的构图历来都是很讲究变化的，这里的纵、横、曲、直，是指画面上各种东西的运动感而说的（分析构图时可把画面的东西还原为线来看）。“纵”多了用横破它，“横”多了用纵破它，要纵横对照（曲直也一样），使二者结合起来，只有“纵”或是只有“横”都是不能成立的。例如最为大家所常见的齐白石画的群虾，虾子的方向就很有纵横变化；山水画中画寒林常常用一二棵横斜枯树来增加纵、横、曲、直的趣味，就是这个道理。

五、疏密松紧

“疏密”也叫“争让”，是指画面上的疏密对比关系而说的。古人曾经用“密不透风”和“疏可走马”来形容疏密的相对关系。疏与密在构图中要统一起来，这就是所谓的“疏密得当”（仍可从齐白石所画的群虾或小鸡的构图来推敲）。松紧在某种意义上讲可以把它看成是疏密的另一说法，但也有它自己的独立含义：“紧”可以说是画面上重点刻画的地方（如画人像头部，五官常常作重点刻画，这是紧）；“松”则是指画面上刻画较放松的地方（如人像的衣纹与面部比较可以说是松）。松紧意味着构图上的各个部分有重点，不是平均对待的。在这一点上，它又和宾主法则有着客观上的联系。

六、以奇求正

“奇”是新奇（古人也称之为险绝），“正”是平妥、平稳，二者结合起来，才能使构图有意思。奇与正的结合在传统上常常叫作“寓奇于正”，或称作“纳险绝于平正”，这就是说构图的主调是要“平正”的，但也要包含着“新奇”的意思在内。否则，一味地平正，便没意思；反之，只要险绝就会失掉了平正感，就是所谓的“狂怪失理”。

此外，民族绘画在构图上还很重视局部和整体的统一。整体与局部在构图上是矛盾的统一，整体应是主要方面，局部要有机地被组到整体里面去。这种辩证关系早为我国历代的画家所发现和运用。整体感在传统上叫作“气势”，历代的画家都非常重视构图的“气势”，他们都主张作画要“一气呵成”来取得“气势”，同时也反对通体不相联络的只要局部不要整体的构图法。处理整体与局部的方法，古代画家与理论家们也做了精湛的说明，这就是“大胆落笔”（整体气势的把握）和“细心收拾”（局部的斟酌安排）的结合。

关于以上所谈到的有关构图的一些法则，本来在现实中也自然地存在着（如现实中的东西本身就有疏、密，纵、横，曲、直，开、合等变化），画家和理论家不过是通过自己的实践发现和提高了而已，并不是什么神秘的。不过应该指出的是，我们的祖先不仅在很早就发现和运用了它们，而且还用辩证的观点总结和提高了它们，这是值得我们自豪的。

（本文选自《河北画报》1959年）

高山瀑布

天高任鸟飞

双羊图

谈国画构图的"三远法"

"三远"——高远、深远、平远，是我国古代山水画家们对山水画透视的分析与概括。"三远"的被认识与运用，意味着我国山水画家在山水画的创作上已经充分掌握了透视法则。这些法则，对我们来说，依然是有现实意义的。

首先提出"三远"的是宋代郭熙，他在《林泉高致》中这样写道："山有三远：自山下而仰山巅谓之高远，自山前而窥山后谓之深远，自近山而望远山谓之平远。"接着他又从色彩上对"三远"做了分析，他说："高远之色清明，深远之色重晦，平远之色有明有晦。"最后他又对"三远"在感觉上的特点做了说明，他说："高远之势突兀，深远之意重叠，平远之意冲融而缥缥缈缈。"其后在历代的画论中又不断有所补充，尤其清代王概的《芥子园画谱》，不仅补充了郭熙的说法，并且还做了图解，直接用形象说明了"三远"的特点。

根据郭熙的文章与《芥子园画谱》的插图以及古代山水名迹来分析一下，可以得出这样的结论，即"三远"是一种焦点透视现象。我们知道，透视现象离不开两个组成因素，一是物，另一是人（指人的眼睛亦即画者的位置）。因此理解和分析"三远"，也不能离开这两个组成透视现象的因素。现在就让我们根据这些因素来分析一下"三远"的透视规律。

"高远"，根据郭熙的说法是"自山下而仰山巅"，这就是说构成高远的山水环境（写生对象）必须是崇山峻岭式的。而"仰"字意味着视点（画者的眼睛）很低，

山水扇面

只有低视点才能谈得上“仰”，也才能产生“突兀”之势。由于仰视的关系，画者可以看到广阔的天空，因此也才能够在色彩上给人“清明”的感觉。这种山水的章法，在古人留下来的作品中是很多见的，如南宋马远的《松泉高士图》立轴。

“深远”，从郭熙文章中“深远之意重叠”一语来推敲，不难理解这是指所谓“重峦叠嶂”“千岩万壑”的地理环境。“自山前而窥山后”一语，明确地说明画者是居高临下的（即高视点的意思），居高临下当然是俯视的，层层的深山邃谷，正是俯视角度上所看到的视觉形象的特点，“窥”字很恰当地、形象地说明画者和对象的关系。俯视当然看不到大片的天空，许多透过大气层的幽谷深壑送入眼底，自然构成了“重晦”的色彩。在古人作品中用深远构图的更多，如宋初巨然的《万壑松风图》及元王蒙的《青卞隐居图》。

关于“平远”，在古人的解说中是有分歧的。按郭熙的原文认为“平远”是“自近山而望远山”，清王概的解说则是“由近及远”，我们认为这些差别并不妨碍我们对平远的理解。“平远”从地理形势上必须是平坦的，或是接近平坦的。历代留下的名迹中，用平远构图的，如元倪云林的《松林亭子图》、吴镇的《双桧平远图》等。平远构图也并不排斥画面上有一些低山（或土坡）和远山，如元赵孟頫的《鹊华秋色图》就是有山的“平远”构图，由于作者采用远距离高视点的构图法，所以画面上的山就低而小，与通幅占绝对优势的广阔地面相比，还不足以改变其平远性质。

平沙落雁

泰山

作为构成"平远"透视现象的因素之一的视点，是可高可低的。因为"平远"从其他地理环境上看没有高山深谷，视点高或低，都可以产生"由近及远"的透视效果，只不过在地面的宽窄上起一些变化而已。

"三远"在运用上是很灵活的，在复杂新奇的构图上常常把"三远"混合起来，如南宋阎次平的《四乐图》，就是"高远"与"平远"的结合。"深远"有时也与"平远"结合，如宋人的《岷山晴雪图》就属于这种构图。对于长卷等大的构图，也有时把"三远"同时运用，如北宋朱锐的《赤壁图》，起手处画的是辽阔的江面和几抹远山，是"平远"的构图。中段峰峦重叠，可以算是"深远"，从几个突兀的峭壁来看，又有"高远"的意思，这幅画充分说明了古代画家在"三远"的运用上的杰出成就。

柳岸泊舟

秋江泊舟

“三远”虽然属于焦点透视法则，但它在构图的运用上并不排斥散点透视，如朱锐的《赤壁图》便是很好的例证，其他许多长卷式的构图亦莫不如此。

我们学习和掌握“三远”法则，绝不是消极地在自己的画面上演示这一些法则，而是要积极主动地运用它们来为我们创作的主题服务，就如我们古今的许多大师所做的那样。徐悲鸿在他的《古柏》构图中，为了突出古柏高大之势，就把地平线压得很低，低而远的背景与主体——古柏形成高低强烈的对比，用低而远的山头便突出了古柏的古老高大的特征。这是“高远”法则的运用。又如黎雄才的《森林》，很恰当地运用了“深远”法则，森林的深邃苍厚一望无际的特征，在这里得到了出色的表现。这些都是积极运用“三远”法则的结果，可供我们学习参考。

关于笔墨的基本技法

中国画的基本技法有以下几方面：笔墨、象形、赋色、位置。本文先就有关笔墨方面的一些基本技法做综合的概述，至于其他各部分以及这些技法的深入探讨，待后在分门（人物、山水、花鸟）介绍时再逐步地进行。

“一切技法都是为了正确地表现作品的思想内容，离开作品的思想内容而空谈技法，是应该坚决反对的。但是为了更好地掌握表现武器，只要不是形式主义地去谈技法，对技法方画的诸问题做些介绍研究是必要的。”

我们所说笔墨方面的几种基本技法是：“用笔”“用墨”和“勾”“皴”“擦”“丝”“点”“染”。

我国绘画传统，无论是人物画、山水画还是花鸟画，尽管历代画家有许多流派，多样风格，但在笔墨表现技巧上，可以说都是以不同的手法来运用这些技法，这些技法是传统表现技巧的基础。我们学习中国画的传统技法也要从这里入手。另一方面，近些年来画家在创作实践中，深深地体会到继承传统必须发展传统，而精熟地掌握这些基本技法，对精通和发展传统表现技巧有很大的意义。

在我国绘画的表现技巧里，“用笔”是重要的一环。这里的“笔”，指的是笔锋。谢赫“六法”中的“骨法用笔”就是“六法”中“应物象形”（造型）的实际技巧，也就是我国绘画所特有的造型技巧。如唐代吴道玄画人物“笔才一二，象已应焉”，他的“笔迹圆细如钢丝萦盘。朱粉厚薄，皆见骨高下而肉起陷处”，这可以说在造

山水扇面

型方面发挥了“笔”的最高效能。另外，我们从山水画法的论述方面，也可以见到“笔以立其形质”“下笔便有凹凸之形”一类的说法，便可知“笔”在我国绘画技法里的重要意义。从来认为“书画同源”“工画者多善书”的道理也就在此。

由于要表现多样的事物，所以在画的时候，“笔”就不能只用一个方法，而是要通过多变的笔锋来表现多样物象的形质。如笔锋的正侧、顺逆，用笔的轻重、快慢、转折等，都是用笔的方法。此处我们就自己的肤浅体会，介绍几种常用的笔法。

通常把笔毫自尖端到腹部称作“锋”，书法、画法用笔主要都是运用这部分，所以正用它叫“正锋”，或叫“中锋”，逆用它便叫“逆锋”。为什么要用“锋”呢？这是因为这部分的毫有弹性，它可以平铺开，又可以及时地收缩起来，可以弹跳，又可以回旋。到笔根就没有这样的性能了。所以用笔主要是用笔的“锋”。

笔一般是正用。怎样是正用呢？正着拿笔（笔管接近垂直，不完全是垂直的），下笔后笔锋平铺在笔画中间，像篦齿似的，这就是“正锋”，或称作“中锋”。勾勒大半是用正锋画的。

但是，作画只用正锋笔是不够的，有些效果（例如各种“皴”）要靠把笔锋侧用才能达成。笔的侧用是在笔着纸时，把笔管侧向一方，画起来笔锋斜散在笔画中间，这便是通常所说的“侧锋”。实际作画往往在一笔中间就不断有正侧变化。如画山石

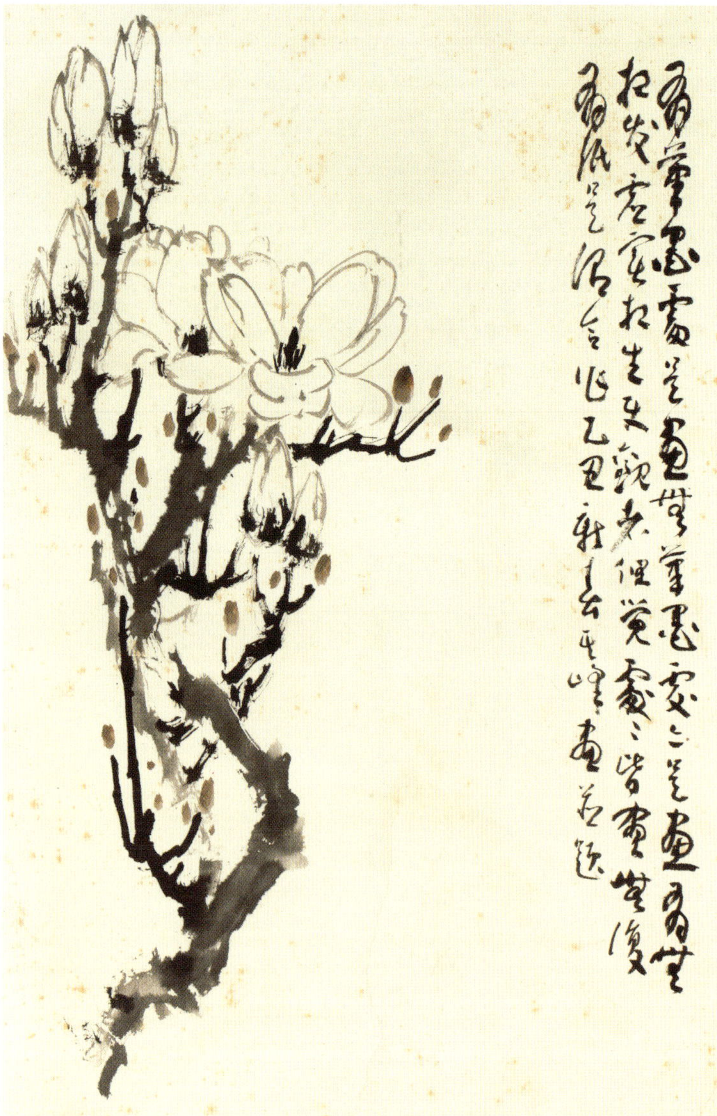

玉兰

的轮廓，用笔的起伏来表现周缘的叠积，这种起伏变化主要是借笔锋的正侧变化而画成的。

作画的行笔和写字一样，一般横画都是由左向右侧行，竖画都是由上向下顺行。但在画法里还常用“逆锋”。“逆锋”也是把笔管倾向一方，而使笔锋向相反的方向逆行（例如笔是横向右方的，笔尖自然向左，就这样逆着笔锋向左画画），笔锋一着纸，笔毫因受阻而必然散开，就利用这种破散笔锋的特点，画出老健苍厚的笔画来，这便是“逆锋”。

“逆锋”俗称“倒插笔”，是因逆行而笔锋受阻促使毛毫散开的。但用破散的笔锋画画，还可以在着纸前先把笔锋劈散，再往纸上画，这便是所谓的“破锋”（俗称“开花笔”）。例如人物的须发、鸟的羽毛有时就用破锋画。把“锋”开破的方法不一，有的是在蘸了墨后用手指把笔锋拈开，有的是蘸墨后在另外一张纸上把“锋”揉开，也有的是落笔时“锋”是整的，而在行笔中“锋”破开了，就随着用破锋画下去。这都是使用“破锋”的方法。

在这里我们应该谈一下“拖笔”。上面所谈的侧着拿笔的几种方法，如侧锋，笔若向左或右倾侧，笔锋都是从上往下画，或是从下往上画。若笔向前后逆侧，笔锋则是从左往右画或是从右往左画。至于逆锋，则是向相反的方向逆画。“拖笔”不是这样，它是笔向哪方倾侧也就往哪一方画，简单地说，就用横着笔画倾锋的横线，竖着笔画顺锋的竖线。用这种“笔”，一般拿笔较高，因为是拖拉着笔锋画，所以称作“拖笔”。宜用于画软中有硬的笔线，向来有“拖笔画水”的说法，曾见齐白石老人画长的荷梗使用“拖笔”。这几个控制笔锋的方法，能控制还要能运用，如用笔时腕子压力的大小、行笔的快慢、一笔里的起伏、一画里的转折点都是一些常用的用笔方法。先谈笔的轻重、快慢。我们知道用笔的动力主要是腕，当我们写字时，只要注意一下腕子的筋肉，就会觉出它不断在一松一紧地变化着，也就是一阵对笔锋的压力大些，一阵压力又减下来，这样就形成了用笔的轻重变化。使用慢笔勾人物的衣纹或花卉，也会感到外面一条线中不断地一轻一重地变化着，这样，才能形成一条线的节奏，用来达到表现物象的不同变化的要求。另一方面，即使看来是一条比较匀的笔画，也不能是用一个速度画成的，而多数是一笔中有快有慢，快中求慢，慢中寓快，相辅相成。笔行过快就易浮滑无力，笔行过慢就易呆滞死板。总的来说用笔应该慢一些，因为用笔过快，不仅不容易画出浑厚调子，而且对运用墨也起阻碍作用。流畅迅急的笔调，并不就是“过速”画成。有些写意画，由于画家技法精熟，用笔看来很快，实际画的时候并非很快。当然，我们并不是在这里提倡用笔只应该慢，“腕弱笔痴”“运笔中疑”“欲行不行……不能流畅”都是“笔病”。那么怎样才算恰当呢？唐代孙过庭的《书谱》表示，快和慢是相对的，不能偏于一面。他对慢的提法是“缓”，是“迟重”，对快的解释是“劲疾”，是“超逸”。要善于在“留”中求“疾”，在“迅速”中掌握“迟重”，要“留”以求法度，“疾”以求超速，以达到对立的统一。他这个辩证的处理方法，也就是所谓“于僻僻涩涩中藏活活泼泼地”的道理。清华琳有一段话说得也好，初学用笔，规矩为先，不妨迟缓，万勿轻躁。只要拿得住，坐得准，待至纯熟已极，空所依倚，自然意到

白梅图

笔随，其去画无笔迹不远矣。若徒见古人之画，笔笔有飞舞之势，而不揣其功力之深，猥以急切之心求之，反为古人所误矣。其实自误耳。这一段话对学画的人是很有参考价值的。行笔的快慢与纸质生熟以及墨的干湿有关，这里就不多谈了。

什么是笔的起伏转折呢？前面说过，画法用笔是要表现一定内容的，所以一笔中间往往要经过多样的变化。起伏、转折便都是一个笔画中间笔锋的不同形式的变化。我们在用笔的时候，随着前述的轻重变化，同时还会感到手指和笔锋相应地运动着，如有时提起来又按下去，按下去又提起来，通过提按而画出的笔画，时粗时细、时扁时圆，就形成一种笔的起伏变化。但在画法里没有更显著的起伏，从笔画的起伏上，就可看出笔的一正一侧的变化来。

什么是转折呢？转折是在曲线中的两种转弯的方法。“折”是方着转过来的，转弯处成一角度，“转”是圆着转过来的，转弯处成一弧度。要从用笔方面讲，“转”一般要“提”，行笔比较快，使笔锋在“提”中转换过来。“折”一般要“按”，折时笔锋要暂留一下，使笔锋在按的中间转换过来。在笔法中还常用到“顿”“挫”，在一个笔画的行笔中间加重压力，停留一下是“顿”，若压力是骤然地直接按或是逆按，便是“挫”了。

我国画家早已理解到绘画技法的笔墨是为了恰当表现对象的，所以对笔画的效

花卉小品

事事如意

果也有严格的要求，如苍老、刚健、婀娜等，都是指笔的情调说的。我国绘画的用笔，要求流畅、准确，下笔后要“不滞于手，不凝于心”。唐张彦远为我们指出一个方法，就是下笔前要“立意”，也就是对对象先有肯定的分析、深刻的认识，做到“意存笔先”了，自然能够得心应手，“画尽意在”。

现在我们谈一部分中国画的基本表现技法——“勾”“皴”“擦”“丝”“染”“点”。“笔”“墨”，以及这些技法怎样恰当地结合运用，才能发挥它们的表现效能。例如：“勾”是用来表现物体的形和质的，但是“勾”要通过多样的变法而变化，以及多种的墨法运用，才能达到我们所要得到的那种效果。又如“笔”“墨”是我们绘画里的两个最主要的技法，人们常常就用“笔墨”这个词来代替整个画法，就像说“画家的思想变了，“笔墨”就不能不变”，但“笔”“墨”要通过“勾”“皴”等表现技巧，才能运用到画面上来。

这几种基本技法，是我国绘画技法遗产中应用最广的部分，我们若对这些技法先有个系统的一般的认识了解，不只在学习和分析古今画家的画法方面有帮助，就是在写生或创作的练习上，当我们要表现某一对象的时候，也可以有所取用。

“笔”“墨”和这些基本技法，都是历代画家在生活感受当中，基于表现的要求而积累起来的经验，是在长期艺术实践里取得的成果。我们知道，我国早期绘画多是人物画，那时的表现技巧主要是勾和染，也就是先用线塑出形体然后再涂上颜色，这样就是“笔”（勾）和“色”（染）的处理了。我们不仅从流传下来的一些人物画中可以看到这种现象，就是早期的山水画（如隋展子虔的《游春图》）主要也是这样画的，后来随着绘画题材范围的不断扩大，特别是山水画的发展，画家们在生活中观察体验到更加丰富多彩的自然现象，必然要求有能适应表达这些现象的新手法，才能满足画家们的表现愿望，于是逐渐发现了墨法和“皴”“擦”等技法。就是早为画家们所用的染法，也是逐步地丰富起来的。另一方面，画家们对这些技法的运用范围和方法，也渐趋广泛灵活，这将在下面分述里再谈。

一、勾法

在画法里什么叫作“勾”呢？简明地说：用笔线来画成一件物体叫作“勾”，“勾”的方法就称作勾法。我们常说画人物的衣裳有“十八描”，画花卉不是有一种“勾勒”的方法吗？画山石不是可以先用线勾出轮廓来吗？类似这种种造型的方法都叫作勾法，其实一般人随便画个人或是一种东西，也就是拿线画成的，不过他不是按照“勾”

的方法要求来画罢了。那么为什么"勾"还要有方法呢？由于不同的物体有不同的外形、不同的体质、不同的动态，所以要求我们不能用一样的线、一个手法画成这些东西。就像画水吧，常用柔而多曲的线，画花呢，也常用柔而多曲的线，但是两者的柔曲并不能完全一致。即使同是画水，画波浪和画平波、细波所用的线就不能一样。同是画花，画荷花和画紫薇花所用的线就不能相同。就是画花叶，茶花一类的叶和瓜类的叶所用的线就截然不同。当我们用线表现某一对象的时候不只是为了画出对象的外形来，同时还要满足表现对象的质和动态的要求。就像唐张怀瓘说张僧繇画人能够"笔才一二而象已应焉"。又如明董其昌引古人论画说"下笔便有凹凸之形"。这都可说明用"笔"（勾）表现形的能力。又如宋郭若虚说"画山石者……落笔便见坚重之性"，这便是要用"笔"（勾）来表现出石头的质来。我们再以唐韩滉《文苑图》中的人物衣纹的用笔和宋武宗元《朝元仙杖图》（有单行本）中的人物衣纹的用笔相比较，就会感到前者尽管也有些流动但它是稳定的，是在静止状态中的。而后者就表现了所有的神仙都在飘飘然行进的样子。我们还可以从有名的晋顾恺之《洛神赋图卷》上看到这种现象。这就可以说明用线是能表现一定内容的，为了恰当完满地表现对象，所以要求"技"要有法，不能是信笔勾画。

"勾"是用线造型的。因为要画不一样的线，所以必须恰当地控制笔锋。最近看了叶浅予先生两幅舞蹈的藏族姑娘，当叶先生勾画衣纹的时候，我们若注意一下他是怎样使用笔锋的，就会看到有时候是用正笔中锋，有时候则用侧锋，更有时先把笔锋在调色碟里弄扁而用它的立面，还有的时候先弄成破锋，然后再轻轻地勾画。单从笔锋落纸时的形式来说就有这么多的变化，所以叶先生画出的线能丰富多变，并不是偶然的。

过去我们在谈我国绘画的用笔方法时，曾提到笔的正侧、顺逆、转折、顿挫……这些是从我们作画时控制笔锋的手法方面来讲的，要是从古今一部分画家所画的笔线的效果，也就是笔线的形式和给人的感觉方面来讲，要从以下几方面分析它，这就是匀静与粗放、方与圆、刚与柔、动与静、"光"与"毛"……我们试看流传下来的晋顾恺之的《女史箴图》（摹本），可以看出他画的线是匀称宁静的。所以论画的人常用"紧劲连绵，循环轻忽""春蚕吐丝""铁线""平易"一类的词来形容它。我们若再看看唐吴道玄的画（如相传他画的《送子天王图》），他画的线有粗有细，转折清晰，节奏鲜明，和顾恺之画的线就不一样了。所以论画的人常用"笔迹磊落""流动飞举""吴带当风""兰叶""莼菜"一类的词来形容它的豪放、

松鼠图

猴趣图

转折。在人物画法发展的历史上，从顾恺之到吴道玄是一个很重要的变化，这当然有许多因素，而他们勾法用笔的变化也是一个主要的原因。我们再从笔线的方圆来研究唐孙位《高逸图》中的人物衣纹的线，和上面列举的唐韩滉《文苑图》中的线相比较，前者就比较圆，后者就比较方。再如我们熟知的明陈老莲以及近代的任伯年，他们无论是画人物还是花卉，所用的笔线给人的感觉多半是方的，若与明仇英、唐寅以及清恽南田所用的笔线来比较，就会感到仇等的笔线用的是圆笔。当然，方笔就容易显得劲健而有力，圆笔就容易显得柔和婉媚。但是我们若提到线的刚柔问题，就要知道古今各大家用线虽有形式上的方圆不同，但都能做到“刚柔相济”，也就是柔的线不是一个劲地柔（当然更不是松软无力），而是“绵里有针”，刚硬的线不是只有劲挺（当然更不是生硬刻板），而是刚中寓柔，要“寓刚健于婀娜之中，行健劲于婉媚之内，所谓百炼钢化作绕指柔”（见沈宗骞《芥舟学画编》）。我们作画，在一幅画里笔调是应该统一的，一个画家的风格也就往往在他的笔法上有他的特点，但是统一思想中要有变化，刚健的笔可以用柔婉取变化，柔婉的笔可以用刚健取变化，这是一方面。另一方面柔中要没有刚就要软弱了，刚中要没有柔就生硬了，所

花中四君子

以要像经过千锤百炼的钢，可以把它化成绕在手指上的那么柔。这就是说，钢是硬的，但可以炼成“绕指柔”；能绕在手指上的东西一定很软的，但实际是钢，从这里也就可以体会勾线的“刚柔相济”的道理了。我们要从笔线的动静来研究勾法。上面说过线可以表现物体的动态。这里说的动静是有的画家由于作画的笔法不同，让线的效果给人以动静的感觉。我们可以用宋马远、夏圭的画和明吴伟、张路等的画来比较，他们的画是一个系统的，但是马、夏的用笔让我们感觉“静”，吴、张的用笔给我们的感觉是“动”。又如提到明代的花鸟画，我们常把林良和吕纪并提，他们都是画院里的人，他们的风格不一样，却都仍带有南宋的风味，但是林良的用笔让我们觉着“动”，吕纪的用笔即让我们觉着“静”。什么是线的“光”和“毛”呢？我们可以从这两个字的字义来体会。“毛”在这里应该是“毛毛茸茸的”的意思，“光”在这里应该是“光光滑滑的”的意思。我们还可以用不很恰当的比方来说明，毛的笔线上就像有一层毛，或是有一层光晕似的。这种线可以有立体的感觉，也就是凸的，而且有“苍苍茫茫”（“苍茫”本来是指广阔的水或草地远望含混不清的样子）的感觉。和“毛”相反的就是“光”，那么也就是光光滑滑、清清楚楚的线了。由于光滑的线容易画得平扁，太刻露，所以过去多数论画的人对“笔”“墨”的“光”是加以否定的，认为只有“毛”的线是好的。我们觉得“光”效果真的没一点可取之处吗？是不是在表现一定形质的时候也还有它的独到的作用，而能和“毛”相得益彰呢？这还有待实践的证明。以上所列举的有关线的效果，在我们今天看来都不

应该偏废，应该把它们掌握在手里，来适应我们的创作表现的需要。

“勾”的步骤，由于勾法的不断发展，也逐渐地丰富起来。如明詹景凤在《玄览编》里记述五代王齐翰青绿山水一卷的画法说，山与石不甚有皴，但用墨笔圈圈，稍分峻嵋（峻嵋是山的凹凸起伏，作者），即以大绿染抹……其下作勾勒树，却于底不作勾勒，直用淡墨笔圈圈，总分阔狭，就以石绿厚涂，寻于石绿上用墨绿作勾勒。由此我们就可以知道，在很早的时候勾的运用方法就很多了。我们常用的勾法如单线的勾就有干、湿、浓、淡的不同，有的在一幅画里有个整体的浓或淡，但是一部分以不同的浓或淡来取变化；有的在一笔里就分干、湿、浓、淡。还有“复勾”的方法，原已勾了一层，然后再复加一层或几层，便是“复勾”。“复勾”有的是先用浓的或干的墨（色）勾成，然后再用淡的或是湿的墨（色）复勾。这样便在黑白两个对比色之间加上了一个中间的灰调，可使它们的关系更复杂更协调，使画的物体一方面更突出（如白的更白）了，一方面却更含蓄（如加强了“毛”和“晕”的感觉）了。这是浓上复淡的手法。还有的是用浓破淡的方法，就像有的画家画墨笔荷花或是水仙花，先用淡湿的墨勾出花瓣（有的一层，有的几层），然后在瓣尖上用浓重的墨加勾几笔，就可使效果更醒目，所以有人称这种复勾的方法为“醒”或“提”。我们在谈墨法时所说的“破墨法”，有时也是用于复勾的，“复勾”还有时是多次的反复的，像上面所举的王齐翰画双勾树的方法，就是先用淡墨笔圈出树的大轮廓，然后就涂石绿，再用深绿在石绿上勾出叶来。类似这种勾了再填色，色上再加勾，以重勾了再皴点，皴点以后再复勾等手法，都是画家们所常采用的，由此可以知道，勾法的应用不只与笔法不可分割，和墨（色）的用法也是紧密关联的。

二、染法

“染”和“勾”“皴”“擦”“点”一样，也是国画的传统基本技法之一。染的用处很广，无论是山水画、人物画还是花鸟画都需要它。就连以勾勒为主的白描画法也不是绝对不用染的，有些白描画法也有一点淡染（墨或色）。染的用处虽然这样普遍，但是它不能被当作一种独立的绘画技法来运用，也就是说染这一技法在画面上不能单独存在。在我国传统的各种画派和画种中，有单独以勾勒来表现的画法（如某些纯用线而不加染的白描画法），也有只用勾皴或皴擦结合来表现的画法。我们却找不到只用染法来表现的画法。所以，染这一基本技法，经常是结合在其他的几种基本技法中运用的，或者说它是其他技法的一种补充效果。

染法在表现方法中是有着各种不同的作用的。从艺术效果的角度上看，它有烘托明暗、深浅、浓淡的作用，例如在许多工笔人物、花鸟画中就经常这样使用染法。融合笔墨和调整虚实关系也是染法的重要作用，许多人物、花鸟画，尤其是某些山水画往往依靠染的这一作用来取得深厚、润泽、协调、浑融的艺术效果。另外，统一局部，使得画面上的气势更完整，也是染法的重要作用之一。如果从染所表现的内容来看，如天光、云影、月色、雾气、朝霞、晚霜、雨意、风势……许多特定气氛，在很大程度上都要依靠各种染法来表现。例如用“借地为雪”的方法画雪景，雪的效果主要靠染来完成，另如为人们所熟悉的“风雨归舟”这一题材的“风雨交加”的气氛，许多地方就是用排笔刷染出来的。

现在，把各种传统染法介绍如下。

涂染（为了区别分染暂叫涂染）：这就是人们经常所说的平涂法。涂染是不分浓淡的，许多用石色（石青、石绿、朱砂等不透明色）平涂的人物画、山水画和花鸟画，都是属于涂染性质的。留出墨线的涂染就是人们所说的那种勾填法（正名应叫勾勒填色）。涂色时压上墨线，然后再用色线（用稍重一点的同样颜色）重新勾出的画法也是涂染法的重要运用。目前许多画家也还很喜欢用它。在很多情况下，涂染只是用来画某一个部分的（如只用它来画花头或服饰中的某部分），这就是说涂染画法也可以与其他画法混合运用。无论哪种涂染方法（留墨线的和不留墨线而复勾的），都离不开线，都要以线作为骨法。这一点，也正说明了染法的依附性。

山水写生三幅

分染：分染是和涂染相反的一种画法。涂染一般不分明暗、深浅，分染则是为了分出明暗、深浅的。分染也是在勾线基础上来进行的。例如于非闇画的牡丹花的花头和叶子都要先后经过分染，有的是在勾了墨线之后，用色先分明暗层次，然后再罩染一层颜色（如画叶，先用花青分染，再罩染一层草绿以统一之）。有的是在染了墨线之后，略用颜色“开”“醒”（即分染出明暗层次）。实际上，分染只是染法的许多工序中的一个过程，它要么就给罩染打底子，要么就给涂染“开”“醒”。

有些浓重的花头或衣饰的效果（如深紫色、深红色）是要分染多次才能成功的。如果图省事一次分染成，那会造成不好的效果。再如山水画里的一丛远近、明暗、虚实变化很多的树，那种复杂的效果，很多都是先经过一道分染（墨或色）的过程的。在这里我们可以附带谈一下染法的一种手法，这就是在某种情况下，染的进行过程可以分成“分”与“合”两个阶段，有些染法经常是“分”而“合”、“合”而“分”交互进行的。“分”是越染越清楚，关系越明确，像上述的分染，就是属于这方面的。要是分染以后再加

望月图

罩染，那么它的效果将是统一的、混融的，也就是把已有的清楚效果再融合起来，这便是我们所说的“合”。要是先涂了以后再“开”“醒”呢，那只是把“分”“合”的工序变化一下罢了。在一般情况下，过分运用“分”的手法，不免有太清楚、散碎、平薄、刻露之类的缺点；要是只“合”不“分”，又很容易产生模糊、平调、缺乏空间感的坏效果。所以二者是要恰当地协作的。其实许多国画技法都有个“清楚”和“混合”的一步一步的变化，就像设色，在一个物体上或一个画面上，既要有丰富的色彩（“分”），又要有统一的色调（“合”）。我们通常所说染“花”了（色调太分散，不统一），就是过于“分”的毛病。但是，色的效果要是平板无变化，那又是只“合”不“分”了，也是不行的。又如处理几层山的远近关系，固然要用许多手法把它们分离开，以表现远近关系，但是，又要把它们统一起来，不能让它们分割开。从这些例子中可以理会染法中的“分”“合”关系。

罩染：这是运用较广的一种染法，山水、花鸟、人物以及工笔和写意画，都根据自己不同的效果要求来灵活地运用它。罩染大半是在底层足够的笔墨、颜色效果的基础上进行的。在工笔的花鸟和人物画法里，罩染都是和分染结合着运用：分染在底层分出明暗、浓淡之后，再罩上一层颜色，以统一效果。例如画绿叶子先用花青分染（有时要分染多次），干后，再罩染草绿（平平地涂），这样就可以看出层次。又如画深紫色，要先用花青分染多次，干后再罩洋红，下层厚重的花青，透过薄薄的洋红，就会显出带有厚重感的深紫色。画人物的面部，一般也先用基本色调（如肉色、赭色等）分染，最后再罩上一层极淡的同类色（略加一点粉，越少越好，多了会盖住下面的效果），这样就可以润泽统一。罩染除了用透明的或较淡的色彩平涂，有时也用不透明色（如各种石色）来罩染，不透明色的罩染常常要分浓淡的。这就是说有的部分让底色效果多露出一些，有的地方就让罩染的色多一些。例如画粉红色花头，先用洋红分染明暗，干后罩粉，这里罩粉不同于画叶子罩草绿（平涂），花瓣间的夹缝或瓣根暗处洋红较多，在那里就少罩粉或不罩粉，花瓣的明处洋红较少（有时没有），就要多罩粉。

山水画的罩染又有自己的特点，并且罩染的方法也更灵活多样。但一般都需要在足够的墨底（包括上一道色的墨底）上进行。例如画浅绛山水，有时就在墨底上罩一点淡赭和淡花青。又如画赭中带绿或是绿中透赭的山石，就往往先用赭色打

冬景

归鸦图

底（或分染），干后，再依据明暗变化的需要来罩染草绿。这种罩染的颜色效果很鲜明，不会产生灰暗感觉。如果把赭与绿在色碟中调和了一次罩上，那么就会失去颜色的鲜明感。

烘染：这是一种效果细润的染法。在很早它就被画家们采用着，工笔画与院体画常用这种手法，近代岭南画家尤擅长这种染法。这种染法，大半是用以烘染底子，如雨景、夜色、朝霞、晚烟以及画面上某些深暗、浓郁的气氛都要用这种方法表现。在生纸上烘染，可先将纸刷湿，然后将颜色用排笔层层刷上，如果在熟纸（或绢）上烘染，则可直接染刷。烘染有时要分几次染足（有时是分几支不同浓淡以至是含墨和含水的笔来染），特别是某些深沉、厚重的调子，更要多染几道，一次不足，干后再染几道。烘染容易伤笔，这就是说原来的笔墨优点，由于多次的烘染会受到一定程度的损害，所谓“染杂了”就是这个意思。因此，一些“文人画家”不太喜欢用这种染法。

皮染与擦染：如果说烘染是以细润不见笔痕见长，那么皮染与擦染就是以苍浑有笔见长。在山水画里，画家为了避免烘染所带来的副作用——一定程度上的损害笔意墨气，显得松软无力，就采用了以擦染代烘染的方法。这种方法起到了染的作用，且有皮、擦的笔趣与墨气，这不但不会减弱前面的笔墨效果，相反，还会不断增加山石的厚重、苍润的感觉，有人把这种染法叫作“无墨求染”。这是说不用很多的墨水而得到染的效果。这种染法在元代以后的文人山水画中（所谓“南宗”）被广泛地运用着，有时候人们也用它来画花鸟与人物，如现代画家蒋兆和所画的人物，在面部的某些暗处，都有类似皮染和擦染的画法。烘染必须用较多的水分来处理，皮染与擦染都不需要很多水分，它与干擦很相似，所以也有人管这种染法叫干染法。

托染与反衬：以一种颜色托在另一种颜色的下面，以助后一种颜色的效果叫托染。常用的托染法如在罩石绿之前，先染赭石或草绿（二者不同，要根据情况使用），罩石绿先染花青，罩朱砂先染赭石等。托染的另一种情况就是反衬（反面衬色），这就是从纸（或绢，都必须是薄的）的两面设色。人物、花鸟画（工笔的）的设粉就常用反衬。反面衬粉可稍厚一些，平涂即可，反面设了粉，正面就可以少上一点淡粉，这样，不仅可以不伤墨线，而且使效果更加厚润。反衬也有这种情形，当正面的设色工序完毕（如画人面或粉红、淡肉色等的花头），感到效果还不够厚重，仍可在反面衬粉，但须在干后进行，否则会毁伤正面效果。反衬是要根据效果灵活运用的。例如衬石绿一法，在山水画里常常在正面设了草绿，以取沉厚效果。而在工笔人物、花鸟画里，有时在正面设三绿（色淡），反面衬头绿，因为头绿色太火，设在正面不好看，所以把它设在反面，使它透过绢（或纸）再起作用。在山水画里，有时人的衣服看起来是白色的，很清楚，像是涂了粉似的，但是并不过白，在整个颜色效果里很协调，这常是把粉染在纸背面得到的效果。

点染：这是染与点相结合的一种画法。通常有两种点染方法：一是写意的点染法，如齐白石画小鸡、虾，八大山人画荷花（叶）等用的点染方法；另一种点染法是指工笔点染法，如恽派没骨法。不过在写意的点染法中，染的成分已经不太多了，因为实际上这只是一种点法，但在习惯上总称为点染。工笔的点染法，通常都冠以“没骨”二字，这

风疾趁饥鹰

枫猴图

春上枝头

是因为它没有墨线。没骨点染的效果很细润，但由于没有墨线，所以远效果不太强。根据这一缺点，后来的一些画家都力求在点染中见笔，于是有一种半工半写的没骨点染法，如天津张和庵就很擅长这种画法。写意用笔点染，可用墨点也可以用色点；没骨点染习惯只用色点，不用或很少用墨点染。山水画在染一个比较大而且要求效果比较复杂的面时，有的用比较小的笔触一层一层染，有人把这种染法也称作“点染”，因为它确实近似点法。

碰染（或叫接染）：这是一种把两种不同的颜色，用两支笔从两个方向染，渐渐碰在一起，使它产生更多的色调的染法。工笔勾染（先勾再染）花卉的叶子和一

玉兰富贵

栖

些白花、粉红的花瓣，都可用碰染法来染。例如碰染叶子，可用一支笔蘸花青（或深草绿）从叶根染出，同时用另一支笔蘸草绿（或淡草绿）从叶子尖向里染，染至叶子中部，两种颜色碰在一起，然后用笔一调接，就染成一片浓淡分明的叶子了。又如染粉红色的花头，用一支笔蘸洋红（自瓣里向外染）、一支笔蘸粉（自瓣外向里染）碰染，也可以染出与两次套染（先分染后罩粉）一样的效果。碰染的优点是省事、色彩新鲜，但是碰染在操作过程上难掌握，尤其处理很复杂的花叶关系更不容易。初学可以少用，处理较复杂的构图（如许多叶子密集重叠在一起）最好不用。

三矾九染：在工笔花鸟、人物中的某些厚重的色彩效果，一次不能染出，需要层层分染，但在分染几层颜色之后，又容易搅动了前面的效果，这样就需要不断地上矾水，以固定已有效果。例如画某些厚重的花头，分染几道后，画面上的颜色渐渐厚积起来，这就需要轻轻上一些淡矾水（泡白矾水，略有涩味即可），干后再分染，分染次数越多，上矾水次数也要越多，这就是所谓的“三矾九染”。三矾九染都要在熟宣纸或熟绢上进行。

另外，为了保护某些石色的效果，有时也可上一次矾水。这需要在操作过程完成了之后进行。

综上所述，染法大致可以分为干染与湿染、一次染与多次染。这里说的干染，可以是用含水量不多的干笔染，也可以是等前一层底子干了以后再往上加染。如上所述的平涂、填色、皮染、擦染，以及工笔画所用的碰染等都可叫作干染。湿染可以是不等前层底子干了就湿染，也可以是用含着水分较多的墨（色）笔来染，还可以是把纸打湿了再染。最常见的湿染，多半是在大面积上的烘染法，无论是生纸还是熟纸，先刷了水再烘染，都可取得更润泽的效果。有些人画山水用罩色的方法，也喜欢用湿染法。我们可以用干与湿来掌握染法，但是在使用的时候，湿染与干染的界限却不那么严格。例如烘染，就有些人并不刷水，而只是在墨或色的边缘略加烘刷来消散笔痕。我们说一次染，可以是只染一层，也可以是在一次里染完几层（例如趁湿分别浓淡地层层加染）。像上面所说画工笔所用的碰染、没骨法的点染，以及填色、平涂也都可以是用一次染法（当

山涧灵猴

然有时效果不够，仍须补一次）。至于多次染，是指各种手法的反复层层加染的方法，就像分染与罩染的结合染法、深厚效果的烘染、有衬色打底子的石色平涂等，都可以说是多次染法，这类例子很多，就不繁举了。

如果从另一角度来分析染法，还可以把染分为见笔与不见笔的两种。在染的当中有笔触的就是见笔的。凡是皴染、擦染以至某些带有写意性的染法（强调笔意的）都可以叫作见笔的染法。这种染法有笔触，不仅不伤损原有效果，而且会显得有笔墨情趣。不见笔的染法恰恰与此相反，是不强调笔触，或是力求避免出现笔痕的。例如烘染与平涂等，都不要求见笔，特别是平涂，更需要涂出匀净、细润、大方的效果。

和干染湿染的关系一样，见笔的染与不见笔的染，在使用时也是各不相犯的，二者可以在某些效果的要求下结合起来。例如染山石、树干，在大片的暗面或较厚重的地方可以不见笔，在明面的笔画清晰的地方可以改用见笔的染法。

画某些适于远看的大画，特别是用生纸，可以多用见笔的染，因为有些笔触对远效果是大有帮助的。如果染得没有笔触，那就会由于过分的细润而导致平淡无味。

红杏枝头春意闹

觅食图

奇石花卉

要求见笔的染无论是在大画或在小画，笔触都要美，这里所谓笔触的美，也正是准确地表现了对象的特征。

最后，再谈谈关于染法的一些注意事项。

1. 染不可伤笔。这是说染不可损害已画了的笔触的意思，就像画石头，在已经勾皴了的底子上加染，不要因为染而使勾皴的笔触都淹没了。有许多画法，在染色时常容易伤了笔。例如勾填的画法就容易用色把墨线的部分盖住，这就有损原墨线的完整。如上所述的烘染更容易把笔意减弱，这是因为未烘染前的笔触是在白底上，对比较强，烘染之后的笔触进入了灰调子（这里泛指一般的淡色调），对比自然较弱。因此烘染大片的面，可以根据笔墨效果的需要适当留出一些虚淡之处，就不致有这种毛病了。

2. 染不可伤墨。墨色复杂的山水画，在染淡墨或染色的过程中，很容易伤了墨色。最常见的情况是把原来较淡的效果给淹没了。因此，染时所用的色（或墨）的浓淡程度要恰当，不可太浓也不可太淡，太重就会伤损了前面已有的较淡的效果。太淡了，由于与原来的墨色距离太大，显得有点搭不上调，当然也不会起到染的作用。一幅有着复杂墨色的山水画，如果要把它染好，必须根据各处墨色的浓淡程度，使用不同浓淡的颜色（或墨）分别染上去，才可以既不伤笔又不伤墨而达到恰如其分的效果。

3. 染要重而不死、淡而不薄。染厚重的效果，要由淡及浓地（有时是浓淡交互地）

层层加染，不可图省事一次染上去，否则染成死板板的一片，像一张黑纸似的，就不能称其为画了。薄淡的效果也要有浓淡轻重的变化，这样才能作出淡而不薄的效果。所谓“薄”是没有层次的意思，“淡”与“薄”是两回事，不可混为一谈。

4. 染法与纸（绢）的性质有密切关系。即使是同类的纸（如都是生宣纸），以至是同样的纸（如都是六吉单宣），由于年代的远近、制作的精粗，用起来往往手法都不能是一样的。举个例子：生宣纸有晕化的特性，这种特性给我们为达到某种效果（浑化、苍厚……）带来很多方便，一方面又在运用某些技法上给我们一些特殊性和限制（别种纸也是各有优缺点的）。就如在矾纸或是矾绢上，可以用一支墨（色）笔画上以后，再用另一支笔（是墨的或是色的，更多是清水的）把它染开，让它渐渐地淡下去，要是在生宣纸上就不能这样做，因为第一笔一着纸，墨（色）马上被吸收了，那就要用接的方法来达成这个效果。又如染大片天空、地、水等，在生宣纸上很容易染不匀，露出一笔一笔的痕迹来，在矾纸上这个问题就不大，但是若染得恰当，生宣纸的效果要比矾纸好些。总之，染的手法很多，运用起来应该灵活，要细致，有些初学的人，在染的时候常是不分浓淡大片地往上一刷，这是不对的。从前有人说“宁可画不到，不可染不到”，我们说一张画过多地靠

鹭鸶图

双栖图

染的说法是不够全面的，但是要“染到”是有道理的。这个“到”字一方面是指染的部位，一方面指染的层次，若从后者来理解“不可染不到”的意义，那么就可以体会到染并不是能“一挥而就”的。我们并不是因染法里没有“一挥而就”的手法而加以否定，在这里提出这一点来，是因为对染法还很不熟练的人，用“一挥而就”的手法来处理染法，是常有的事情。

三、皴、擦、点

皴法是随着山水画的发展而逐渐形成的。皴法的运用，丰富了山水画的表现技巧，更进一步地促进了山水画的发展，而后来皴法的广泛应用，也丰富了人物、花鸟画的表现方法。我们看历代山水画许多流派风格的形成，当然有很多因素，但在表现技巧上，画家以不同手法运用皴法来表现他对自然界的一种不同的感受，也是其中一个主要原因。

山水画并不是都用皴的，尤其是在初期的山水画，是没有皴的，但是有了皴可以更完满地表现自然界的一些现象，特别在山、石方面，这是肯定的。皴法在画山、石时可有以下几个作用：

1. 表现山、石本身的纹理。我们看山、石的表面不是有很多很细不同样子的皴纹和裂缝吗？这些皴纹和裂缝通常就称作“纹理”。纹理是山石的外形上很重要的特征，所以恰当地表现山、石的纹理，对山、石造型的得失有重要的意义。

2. 山、石的质有多种，不同质的山、石（如火成岩、水成岩等）的纹理形式也不同，也就要用不同的画法来画，这是历代形成多样皴法的原因。不同的皴法，便给观者以不同的质感，所以我们在表现山、石纹理的时候，同时要在勾的基础上，更进一步地更确切地表现出山、石的质感来。

3. 山、石的纹理是山、石表面上的细碎的凹凸面，更显著的它还有大的凹凸面。另外山、石受光的影响，加上它自身上的大小凹凸而有明暗，所以我们在用皴的时候，同时还表现了山、石的凹凸明暗。这种效果在加了皴的石头上可以看出来。

4. 皴的手法还可以表现山、石的空间关系，也就是它们之间的远近关系。例如近处的山、石皴得细致清楚，越远皴越简单、模糊，一直到“远山无皴”。又如有的画家用不同的皴法处理远近的山、石（如近的用“小斧劈皴”，远的用“披麻皴”）这都是用皴法表现远近关系的例子。实际自然界的山、石，在不同条件下（如远近、明暗等），它的形象是有变化的，这待研究山水画技法时再详述。

孙其峰与溥佐、王颂余、穆仲芹、萧朗、赵松涛、孙克纲、王学仲合影

现在再说擦法，在谈山水画技法时，经常“皴”“擦”并提，称作“皴擦”，有时称皴也包括了擦。为什么说皴就可以包括擦呢？因为擦法在很大程度上和皴的方法是相近的，同时在山水画里，擦都是在皴的基础上运用，所以说皴就可以包括擦了。

什么是擦法呢？还用山水画的山、石为例，在皴完以后，用比较秃的笔，把比较干的墨，轻轻地涂擦在已有皴的地方，这便是“擦”。为了说明擦和皴的关系，我们把两者的区别简单地分析一下：皴有“笔”，也就是在皴的时候是一笔一笔地皴，皴完了也看得出笔触来；擦比较起来是看不清笔触的（但不是完全没有“笔触”地涂得很匀，出现“腻”的弊病），是成片的。皴可以用干笔，可以用湿笔，也可以干湿并用；擦一般都是用干笔。不是所有的皴都必须用擦（如宋人的山水画较少用擦，“元四家”的山水画用擦就比较多），而且不能用擦来代替皴，把皴画成擦是一个技法上的毛病，因为擦不能完成皴的效果。同时擦不能太过，太过就把皴的效果给掩盖了。

那么为什么要用擦法呢？擦在山水画里主要是用来加强“苍”“浑”“厚”的

万鸦归巢

感觉的，表现山石如果只有皴法，有时会显得太刻露和太“光”，如果加用擦法就可以表现出“苍苍茫茫”的“毛”的效果。擦还可以把由于皴发生的太清楚的凹凸明暗，以至太强烈的黑白对比综合协调起来，也就是在黑白中间用上一个灰调子（成片地涂干墨，就成黑白中间的近于灰的调子）。

皴擦原来是用于山水画的，后来运用的范围渐渐扩大，如陈白阳画花卉就曾用皴擦来分花朵的明暗，华喦也曾用皴擦的方法画鸟和兽，现代画家蒋兆和画人物面部的阴暗也常用皴擦的方法。

下面再谈点法。简单地说，用笔画线是“勾”，用笔点点就是“点”。动物的眼睛可以一点而成，几笔也可以点画成一个人。一笔可以点出色泽繁复的花瓣花叶，而高大的远山也可以几笔以至一笔点成（实际上画远山是用连点带染的方法）。总之，各种物体的形状，可以用线勾成，也可以用点点成，一般常是二者兼用。如画人的衣饰，很多就是勾点并用的。山水画更多，例如树的勾干点叶、山的勾山点苔、花鸟画的勾花点叶（或点花勾叶）等，都是二者并用的例子，这类例子在作品中是随处可以看到的。总之，点的用法要灵活。点的形式也很丰富，有尖、圆、横、竖、单、复，还有横带拖（横点在收笔时拖个尾巴）等类。从用笔方面讲，可以用中锋直挫，可以用侧锋卧点，还可以用逆锋挫点，也可以在落笔后在点的中间把笔上下左右、有轻有重地运动一下，这便是“揉”。“揉法”不仅可以使墨浸晕有变化，而且可以满足更复杂的造型要求。从用墨方面说，可以用焦墨点，可以用湿墨点，也可从浓墨点起，越点越淡，也可以先用淡墨点成，再用浓墨点破。由此便可看出点法是很多的，要能依照表现内容的需要而善于灵活运用，而笔墨与形式的掌握（例如要圆能圆、要干能干、要密能密、要疏能疏等），就要靠平时的勤学苦练了。

（本文为孙其峰与王颂余合撰，选自《河北美术》1961年第7期至1962年第4期）

谈“拙”

人们在形容某些艺术作品时，有时用一个“拙”字，这个拙字通常不是指技法上的优劣而说，而是指风格特点说的。所以“拙”在艺术风格的词汇里，不是个坏字眼儿。过去有些评论家们，甚至把“拙”提得比“巧”还要高一些，如所谓“宁拙勿巧”等。

“拙”的风格在古今的艺术作品中都可以看到，如石涛、八大山人等人的绘画艺术，都是以“浑拙”“朴拙”“质拙”而见长的。近人潘天寿的花鸟、李可染的山水，乃至华君武的漫画，也都是巧妙地继承了传统风格中的“拙”。这是“拙”的风格的新发展。齐白石大师的用笔和造型，都很讲求用“拙”，他画葡萄、牵牛花、葫芦等蔓生植物的叶子，只用三两笔直抹而成，根本不追求任何用笔上的“花招”和“巧劲”。在造型上他主张“似与不似之间”，所谓似与不似之间，也是用“拙”的意思。如白石画的墨笔雏鸡，从造型上看，并不是惟妙惟肖的，甚至有点像不会画画的人画的一样。但小鸡那种幼稚的神气和松软的体质等特征，却被表现得“活灵活现”。陈师曾用“貌似拙劣，其实精妙”的话来形容石涛的画，现在用这话来形容齐白石的画，也很确切。因为齐白石绘画的造型和用笔也是“拙”化了的。

潘天寿的《丰收季节》一画，画面上充满着一种古拙凝重的趣味。那只蛤蟆从造型上看，并不准确，但很有神气。石头的画法也很朴实，用笔既不讲究微细变化，造型也不追求小巧玲珑。这种“大圭不雕”的风格，正是对石涛、八大山人乃至汉

孙其峰、王学仲、王颂余与吴素秋等京剧名家合影

代石刻那种朴拙风格的继承。

通过以上的例子，我们可以看出，在艺术上所谓“拙”，既不意味着技术的无能，也不意味着风格的低劣。应该说“拙”是一种艺术风格的美。如果从表现技法的角度上看，也可以把“拙”看成是巧的另一形式。艺术上的所谓“拙”，与通常所说的“拙劣”“笨拙”“陋拙”之拙，是毫不相干的两回事。

有人把艺术风格上的“拙”说成是形式主义，或者看成是文人的偏爱，这都是不对的。我们知道形式主义的一个特征，往往只考虑形式，而不管形式是被内容所决定的这一法则，甚至排斥了内容。在我国传统艺术里，“拙”的形式并不与内容分离。关于“拙”的形式不能脱离内容这一重要问题，很早就有人提出了，五代荆浩就说过“……凡描写枝柯、苇草、楼阁、舟车之类，用笔宜巧。山石、坡崖、苍林、老树，用笔宜拙。虽巧不离乎形，固拙亦存乎质。”荆浩在这里明确地指出用“拙”不能离开了事物的质（本质，内在精神），如果有人撇开内容来片面追求“拙”的趣味，那倒可以说是形式主义了。

说爱“拙”是文人们在美学上的一种偏见，这种说法的本身倒真正是一种不符合事实的偏见。只要从实际出发，你就会发现在许多民间艺术里，“拙”的风格是普遍存在着的。这且不说具有浓厚朴拙风趣的古代陶瓷、砖瓦、石刻上的花纹，就是现在还在民间流传着，并为广大群众喜爱着的各种民间年画、剪纸、玩具、砖刻、木雕乃至皮影、木偶等艺术，也无不带有“拙”的趣味。

“拙”和“巧”虽然是两个完全相反的概念，但在艺术创作和艺术作品里，二者却是既矛盾又统一地结合在一起。这就是人们常说的“巧拙互用”。“巧”的作品，往往失之于小巧玲珑的小家气，如果参之以“拙”，那么就可取得“巧而不小（小家气）”的效果。“拙”的作品，如果一味地用“拙”，恐怕也很难成为艺术。因此在“拙”的作品里也必然结合着巧的成分。如上面说过的齐白石大师的凝重、浑拙的墨笔雏鸡里的泼墨法，巧妙地表达出了小鸡的毛茸茸的质感，谁又能说这不是巧呢？

在传统艺术的风格里，经常和“拙”结合着的还有“古”“朴”“质”“浑”“重”等。这些概念与“拙”都有共同之点和密切关系。“朴”和“浑”都是指原始的没经加工的状态，这当然是“古”的了。自然也是“拙”的了。“质”和“妍”是相对的概念，也是指未经雕琢的本来的面目，也与“拙”有近似处。“重”和“深”“厚”“大”等概念，在艺术的术语里很相近，“重”的对立面是“轻”，经常与“巧”结合，“重”自然与“拙”相近了。必须指出，所谓“古”“朴”“质”“浑”也和“拙”一样的只是某家风格的一种形容，并不是也不可能是真正的原始状态。“古”“朴”“质”“浑”“重”既然与“拙”有共同点和密切关系，因而它们常与“拙”结合起来，构成了“古拙”“朴拙”“质拙”“浑

孙其峰与孙克纲

孙其峰与画友邓家驹在一起

孙其峰与萧朗合影

拙”“重拙”等复杂、多样的艺术风格。

到底应如何理解“拙”呢？从书法（包括绘画的用笔）上看，那就是所谓“生”；从绘画上看，那就是所谓“不似之似”或“似与不似之间”的“不似”的一面。“生”，不是真正的生，是熟后的“生”，是用来防止“油”“滑”“庸俗”的生。这个“生”就是“拙”字的同义语。绘画上的“不似之似”的“不似”一面，只是一种手段，最后是要似的——也就是“神似”。这里所说的“不似”，在很多情况下正是这个“拙”字。由此可见，在艺术创作上，人们不满足于熟，熟了还要返“生”；不满足似，似了还要“不似”；也不满足于巧，在巧之外还要求“拙”。

我们对待作为艺术风格的“拙”，既不应像过去某些文人画家、理论家那样过分地偏袒它，甚至进一步把巧的风格贬得一文不值，也不应像有些人那样不顾题材的需要与否，一味地追求“拙”的趣味。当然更不应该简单粗暴地加以排斥和取消。

（本文选自《中国画》1959 年）

山水小品

国画的色彩

国画的色彩也像国画的构图一样，有自己的独特风格。这种独特风格，是在几千年的漫长岁月中，通过无数次的实践而逐渐形成的。如果拿西画的色彩规律与其做一比较的话，便不难看出国画的色彩特点在于，它不着重在追求物理学上的光色效果，而强调的是对象的固有色。同时，把强调固有色的特点与强烈的装饰风趣结合起来，最后形成了多种多样的国画特有的色调。

强调固有色这一特点，是在很早就被人们认识了的。南齐谢赫的“六法论”中的“随类赋彩”的“彩”字，正是指对象的固有色而说。因为所谓某一类（对象）的色彩，就是指摒去特定光线所引起的变化的一般的色彩，也就是固有色。因此我们可以说“随类赋彩”是国画色彩学的重要法则。

虚无主义者往往根据国画强调固有色这一点，把中国画的色彩说成是概念的、抽象的，甚至说成没有艺术性的植物图谱式的说明，进而得出“不科学”的结论。其实，不科学的正是这种说法本身，因为，这是一种违反艺术科学规律的无知和偏见。国画强调固有色，绝不是把对象的色彩不加任何取舍地照样重复一遍，恰恰与此相反，国画对色彩的处理，不仅是摒除光色的特殊效果，而且也是根据对象的固有色做了大胆的夸张与创造的，例如国画表现一朵白色的荷花，为了强调它的洁净如玉的色彩特点，不仅要删去它在特定光线照射下所产生的灰暗的影子，甚至有时还要用重墨点蕊以烘托出强烈白净的感觉。显然，从这一创作过程中，我们可以充分看出国画处理色彩的现实主义精神，这与自然主义又有什么共同之点呢？在现实中没有不因特定光线照射而引起光色变化的白花，但白花究竟还是白花。特定光线所引起的光色变化不过是外加因素，它并不是白花本质的东西，画家为了突出白花的洁白如玉的特征，把这些外加因素、光色效果加以摒除，使白花更加突出和可爱，有何不可呢？而且人们在欣赏这朵白花的时候，正是把它的这些外加因素加以舍弃。因此，画家摒除了光色的效果，也不是没有心理根据的。

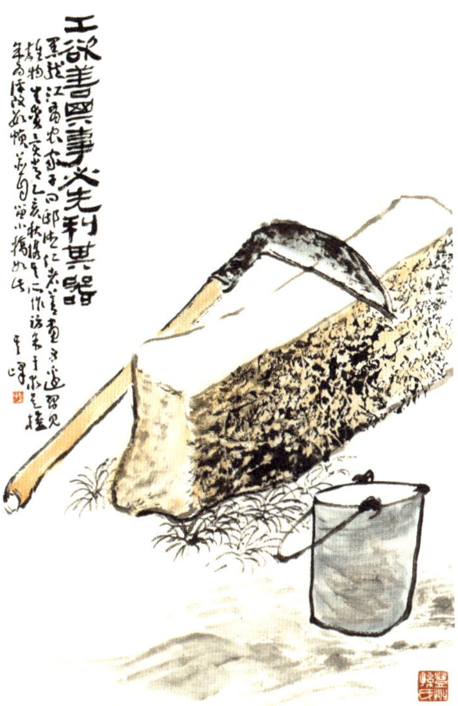

工欲善其事　必先利其器

国画的色彩没有走追求光色这条道路，也必然会在其他方面做一些探索和发展，以充实自己的内容。装饰风趣的强调，消除了摒除光色效果后的贫乏和无味，使国画的色彩变得那么富丽堂皇，或者那么秀润素雅。这虽与追求光色效果走的是不同的道路，它们在艺术上所造成的效果，以及这种效果给人们的感染作用，却是不分高低的。

国画色彩强调固有色这一规律，也并不排斥风格的多种多样。在历代画家长时间的实践中所创造的色彩格调是无限丰富的，既有华丽厚重而富有装饰意味的风格，也有恬淡素雅的色调。前者如山水画中的“大青绿”，人物和花卉画中的重设色便是。故宫陈列的宋代青年画家王希孟的《千里江山图》（曾刊于《人民画报》），便是这种风格的典范作品，画幅上复杂的景物，都被统一在一个浑厚凝重的色调中，简直像水晶宫的情景一样，它既写真又装饰，并不因为排除了光色效果而失掉了感人的魅力。为大家所熟悉的近代画家于非闇的《玉兰黄鹂》也是富有装饰味道的重设色的优秀作品，白的玉兰花、黄的黄鹂和深蓝底子的颜色对比，取得了强烈的艺术效果和浓重的装饰风趣。此外，如齐白石的《双寿》《葫芦》《牡丹花》，有的是强烈鲜艳，有的是富丽凝重，也都是强调了固有色，但谁又能说它缺乏艺术性呢？

双喜图

和富丽厚重色调异趣的恬淡素雅的一派，也是国画色彩的格调中不可忽视的一格，各种淡调设色的花卉以及浅绛山水便属这一类。恽南田的某些淡设色花卉，便是这种格调的代表作品。

国画色彩学中另一个方面的重要成就便是“墨”，在国画颜色行列里墨不单纯地被当作黑色运用，从西画对墨色的理解和运用的角度去理解国画的墨，那是得不出恰当的结论的。墨在国画的多种多样的色彩格调的组成中，始终是起着重要作用的。它既可以被当作绿色来画叶子，也可以被当作黄色或其他颜色来点花，色墨对比的强烈艺术效果，就是用这种以墨代色的手法取得的。如齐白石所画的《牵牛花》，不用草绿色点叶，而代之以墨，红花与浓重的墨叶，相得益彰。所谓“墨运而五色具”就是这个道理。墨的作用还不止于此，更重要的应该说它是在各种色彩中起着骨干作用。如为大家所知道的一样，国画在很多的情况下都是先以墨色画成基本结构的。然后再行设色，这就是“六法论”中的所谓“骨法”（当然与笔是统一的）。在这里色与墨的关系是相辅相成、互相生发的，最后“色墨交融”、浑然一体。

玉堂富贵

色与墨在一幅画上所占的比例也各不相同：设重色的作品大半以色为主，设淡色的作品则多以墨为主，以色为辅。清沈宗骞在他的《芥舟学画编》里写道：“用重青绿者三四分是墨，六七分是色。淡青色者六七分是墨，三四分是色，若浅绛山水则全以墨为主而其色则无足轻重之关矣。”如果我们不去机械理解这种比例数字，这对我们认识国画色彩中色与墨的密切关系是有很大帮助的。

在我们肯定了国画色彩特点是强调固有色和重视墨彩的运用之后，也许会有人提出这样的问题：“国画既然强调固有色，那么它是否排斥明暗变化呢？”古典的画论中曾多次提到过“阴、阳、向、背”的关系，不是绝好的例证吗？不过国画在处理阴阳的手段上是与西画处理明暗关系不同的，如果说西画处理明暗关系主要是通过冷暖的变化来完成的，那么我们的国画处理明暗关系主要是采用色彩的轻重虚实来完成的。例如国画处理一朵红（或其他）色的花的深暗处，要么就是把暗处加重，要么就把暗处虚空起来，在手法上前者尚有与西画相似之处，后者则与西画截然不同，但它同样可以表现明暗关系。

另外，国画中完全摒除阴阳明暗的格调也不是没有的，例如单线平涂。但这种不分阴阳的一色平涂的画法，并不等于通体没有前后空间。何况这种平涂法常伴随着强烈的装饰风格，因此，我们对这种从另外一个角度上去满足欣赏者要求的风格，也应给以应有的评价。

盛夏

国画色彩上处理远近关系的规律，也是有其独特风格的。一般地讲，可以说成是这样，近处色重，远处色淡；正面色重，反面色淡；上面的色重，下面的色淡（但有时也相反）。例如画一群黑鸡，近处黑鸡的色彩重一些，远处黑鸡的色彩就淡一些，渐远其色渐淡。另外，画白鸡时，远处的鸡在色彩上就要灰一些（灰对白来讲也可以看成是“淡”）。

在色彩效果上总的要求，古人虽然提出了很多的说法，不论所谓“浓适宜”，也不论形容色彩分布关系的“聚散得当”，以及对设重色所要求的“浓厚而不流于郁滞”，设淡色所追求的“淡逸而不入于轻浮”，又如“绚烂之极仍归自然”，都可以使我们体会到这些说法所包含的现实主义创作思想。

强调固有色，也不阻碍画家在色彩处理上的情感的抒发。我们不能设想浓丽厚重的色彩格调与清淡素雅色彩格调的创造，与画家的思想情感没有任何关系吧？齐白石所画的《残荷》之所以没有伤感的意味，如果不从他的乐观态度去理解，恐怕是找不出答案的。

最后，我们必须指出，在色彩上我们既要继承传统，又要发展传统，虚无主义和保守主义都是有害的。

（本文选自《河北画报》1959 年）

试谈国画的写生与临摹

关于国画的写生与临摹问题，在目前还存在着很多不正确的看法。这些看法，都在直接或者间接地危害着国画的创作和教学。因此，进行这个问题的研究，对国画艺术的发展确是有着现实意义的。本文企图提出一些有关这个问题的看法，来和大家共同研究。

一、关于国画的写生问题

虚无主义者常常说国画在传统上没有写生，因此需要用西洋的科学素描代替，其实这是狂妄无知、没有任何根据的。谁都知道在我国历史上不但出现过很多杰出的写生名家，并且在很早的南齐时已经在理论上总结性地提出了这一问题。谢赫的“六法论”中的“应物象形”和“随类赋彩”，在很大程度上是指写生而言，这也正是当时绘画艺术重视现实、重视写生在理论上的反映。

为了把问题弄清楚，首先需要把“写生”这个概念弄清楚。“写生”这一术语，在目前一般看法认为：它本身不是创作，只是为创作打基础和积累素材的手段；从方法上讲，它是需要面对对象做直接的描写。当然一般地说，这种理解是符合目前的写生事实的，但是，这种对写生理解方法，却不完全符合我国民族绘画传统上的“写生”实质与方法。在我国绘画传统上的“写生”二字，除了可以当作创作的准备活动来理解，更重要的是它体现了我们民族绘画的现实主义的创作思想和方法。我国

孙其峰夫妇

民族绘画中的山水画的写生叫“留影”，人物画的写生叫“写照”“写真”或“传神”，花鸟画的写生才叫作“写生”。所谓写生，即写花鸟之“生意”。“生意”就是花鸟画的生命。要表现花鸟画的“生意”，当然与仅仅描写其光色造型诸外表现象不同，当然也不是一种单纯的练习活动，而是一种创作活动了。由此可见“写生”概念的真正含义。

花鸟画是我国民族绘画特有的一格，与西洋画中的静物画不同，它强调的是花与鸟之生命，因此在画面上表现的是正在生长的花草和正在生活的鸟兽（西洋画的静物多画死物）。“写生”这个概念，正是从这一事实基础上产生的。

现在让我们看一下《宣和画谱》所载历代花鸟画家的有关写生情况吧。这里记载着五代郭乾晖“……常于郊居，畜其禽鸟，每澄思寂虑，玩心其间，偶得意即命笔，格律老劲，曲尽物性之好……”又说徐熙画草木虫鱼“妙夺造化，非世之画工形容所能及也，尝徜徉游于园圃间，每遇景辄留，故能传写物态，蔚有生意”。又载赵昌善画花，“每晨朝露下时，绕栏槛谛玩，手中调彩色写之……”关于以画猿獐见长的易元吉，其观察写生活动记载得更为详细，这里说易元吉认为“要须摆脱旧习，超轶古人之所未到，则可以谓名家。于是遂游荆襄湖间搜奇访石，名山大川，每遇胜丽佳处，辄留其意。几与猿狖鹿豕同游，故心传目击之妙，一写于毫端间……又尝于长沙所居之舍后，开圃凿池，间以乱石、丛篁、梅菊、葭苇，多驯养水禽山兽，以伺其动静游息之态，以资于笔画之思致。故写动植之状，无出其右者。”近人白石老人所画的《游虾》，可以说是写生得来的吧，因为古人还没有这样画过。白石老人平日把活虾养在水盂中，置于案头，进行反复观察和体会，等到作画时就凭胸中“成竹”一挥而就，这正是对我国民族绘画健康的写生传统的继承与发挥。

上述数例可以证明我国花鸟画在传统上不但重视写生，而且在方法上也是灵活

柳岸泊舟

的。对物写照，也是先行观察体会而后再“命笔”的；有“目击”的感性作用，也有“心传”的理性作用；既表现了对象的“形”，也表现了对象的“生意”。

此外，我们还可以从花鸟画题材的处理与表现手法上看一看我国民族绘画写生的特点。花鸟画的舍弃背景，强调固有色而不强调光的效果，以及不受自然规律所限的百花长卷式的构图和表现生长、繁荣，飞、鸣、食、宿的意境等特点，都与这种写生方法有密切的关系，或者说在极大程度上是这种写生方法的结果。当然我们不能孤立地看待这种写生方法，而这种写生方法正是以我们的现实主义创作思想为基础的。

山水画的所谓“留影”，就是要留山水之影。“影”，就意味着有很大程度的“取”与“舍”，就意味着反对不分主次的“一概图之”。从目前保留下来的大量古代山水名迹来看，很少是实景的直接写生，即便是实景写生，也不一定是用西画的写生方法。例如《清明上河图》，虽然是对当时汴梁城的实景描写，但从其散点透视的构图和不受固定距离（画者与实物之间的固定距离）限制的细腻刻画手法来看，可以肯定这也不是直接对景写生的作品。不直接面对实物写生，不等于说忽视观察或者废弃观察，恰恰相反，这种把观察和描写分别进行，却更需要长期深入地观察。如黄公望的《富春山居图》，正是他久居富春进行长期深入观察的结晶。山水画各种表现山石的皴法和表现树木的多样点法也正是古代画家深入观察、体会、提炼、取舍的结果。我们知道，古代大画家无有不主张创新、突破旧的。在大量的古典画论中，关于山、水、树、石自然规律的说明都占了很大的篇幅，这一事实也可证明了上述的观点。因为这种“留影”式写生更需要这些有关自然规律的知识，而这些知识也正是古人观察现实的有力证明。宋李澄叟描述他自己的写生和创作活动时说：“遍历广观，

春上枝头

奇石珍禽

然后方知着笔去处，何以知之？澄叟自幼而观湘中山水，长游三峡夔门，或水或陆，画得其态，久久然自觉有力水墨，学者不可不知也。”这正是“外师造化，中得心源”的现实主义写生方法与创作方法。

面对山水直接写生的方法在绘画史上也不是没有过，如黄子久曾于皮囊中置描笔，或于好景处见树有怪异，便摹写记之，分外有生发之意。但这种写生方法，也还是与西画的写生方法不相同的，并且它在山水画的写生中不是主要的方法，当然也更不是唯一的方法，《富春山居图》的构图方法足以证明这一点，因为这种连绵不断的画面，绝不是能用面对实景固定了视域的写生方法所能获得的。

人物画尤其是肖像画，由于其造型的严格性，在写生时需要模特儿的程度当然较山水画、花鸟画更迫切一些，但肖像画最高的创作造诣，是要求能充分的传神，而不是机械的形似。从这一要求出发，所以在肖像画的写生中也把完全依靠模特儿不敢加任何取舍的机械写生方法视为“下乘”。由此可见人物画的写生方法与山水、花鸟画的写生方法基本上是一致的。

二、关于国画的临摹问题

作为学习传统技法的重要方法之一的临摹是早就被肯定了的，它在我国民族绘画传统的延续和发展上起了一定的作用。目前有些人认为它会束缚了人们的创造力，

孙其峰夫妇与堂弟孙墨龙夫妇在烟台画展合影

甚至有人把明清绘画停滞的原因，也归结到这上面。因此，临摹这一传统的学习方法和教学方法，被大大地贬低意义和作用，甚至被从国画教学方法中取消了。实际上这是一种割断历史和忽视传统技法的办法，问题是很严重的。

临摹和写生对一个学画者的学习过程来说应该是不可分割的两个方面，忽视了哪个方面都是错误的。1500 多年前的谢赫，早已在他的“六法”中肯定了这一问题，即“传移摹写”，其后历代画论家都用了很多篇幅来阐述它的方法和重要性，同时在历代画家的学习活动中，它又一直被当作一个重要的方法实践着，临摹风气盛行的明清固是如此，连强调写生的唐、宋也是如此，可见其重要性了。

临摹在历史上之所以一直被肯定着，是因为它能够使学者很快地学习到单从写生所学不到的笔墨技法以至创作方法和经验。这里不妨拿临摹在西画学习过程中的作用比较一下，西画的学习方法中也有临摹，但不临摹也可以，因为西画的基础技巧大部分可以从素描学习中获得，而中国画的学习，则不能单单依靠写生。目前的一些已经掌握了素描写生基础的青年画家，仍然不会画国画的事实，不正说明这一道理吗？临摹被重视的另一原因，不能说与国画表现方法上的强调取、舍，虚、实

写生稿

鱼乐图

双飞雀

等特点没有关系，取、舍也好，虚、实也好，当作一个表现方法来看，都不是直接得自现实，而是得自画家的“心源”（例如处理房屋用的投影就不是直接得之于对景物的描写，而是属于画家主观方面的再创造）。这些不是直接得自现实而是得于画家“心源”的优越的表现方法的获得，大部分要通过临摹来掌握。

只要回顾一下历史，就可证明认为临摹会使国画停滞不前的担心是多余的。在历史上绝大部分的画家是有“师承”的，师承关系是要通过临摹来完成的，明显的是临摹并未使一些有成就的画家停滞不前。元代的王、黄、吴、倪四大家，都是临摹、学习过董北苑的，可是他们在艺术上不仅面貌各殊，而且各有自己的独特造诣，使国画的表现技法推进了一步。又如现在为大家所喜爱的富有传统风格又有新的成就的画家黎雄才和程十发等，也都曾下过临摹的功夫。如果把他们的成就全都归到写生上去，那是与事实不符的。

三、如何对待临摹与写生

目前这些问题虽然几经辩论，但在人们的认识上还是有些混乱，在实践上当然也存在着一些问题。在目前美术教学上尤其是国画教学上存在着轻视甚至不要临摹的现象。例如在目前的美术教学中虽然提出了让学生重视对民族绘画遗产的学习，但在实际教学内容的安排上，以及所采用的教学方法上都还不能充分地体现出这种精神，片面地强调

春上枝头

写生，把国画传统教学方法上的临摹完全取消，这对一个还没有民族绘画知识和技能的青年来说，如何达到教学大纲上所要求的那样呢？在高师美术系的教学中，安排的临摹课也是很不够的，学生对临摹尤其不重视，这是普遍存在的问题。

在写生上也存在着一些问题。目前，我们为了改变过去那种只临摹不写生的情况，从而创造我们新的绘画风格，反映新的现实，强调写生是完全应该的，在这方面我们也的确取得了很大的成绩。但在写生方法上不能不说存在着问题，例如山水画的写生在目前存在着两种倾向：一种情况是有一些作品对于固有形式的运用还不能随心所欲，当然也缺乏新的表现方法的探索与发现，因此作品的真实性就很差，有的还像对古人风格的重复；另一种情况是，由于过分地强调表面的形似，在写生时就缺乏大胆取舍，给人的感觉是“敢实不敢虚”，反而减弱了艺术形象的魔力。当然这些缺点，有其历史必然性，在实践过程中自然会慢慢地消失，但这不应不引起我们的注意。人物画由于长期的衰微，目前能够表现现实人物的多是青年后起一代，这是很自然的事。这些后起之秀当中，有一些人是学西画的，他们在造型方面都很准确，这是好的一方面，但在风格上往往缺乏民族传统风格，这也是国画写生中值得注意的问题之一。

根据目前的情况，今后在继承与发扬民族绘画传统问题上，对待写生，除继承与改进对物写生的传统外，还应着重发扬传统上的反自然主义“外师造化，中得心源”的精神实质。此外还必须吸取外来健康的营养，以补其不足，正如我国古代大师们所做的那样。吸取外来营养不应该再沿袭过去那样笼统地代之以“素描”的办法，几年来实践已证明这不是一条正确道路。对于临摹，首先应在国画教学中肯定起来，有的学校设有相当大比重的素描课程，今后应该把临摹与写生密切结合起来。写生时不妨多参阅一些古人名作，以丰富写生技法，使其不脱离传统。临摹时也可采用与实物对照的方法，深入地体会古人处理题材的意图与方法，避免掉进“依样画葫芦”的泥淖。这样才能把写生与临摹统一起来，既要推陈出新，也要继承传统，任何片面强调都是不对的。

（本文选自《中国画》1958年）

论山水画的写生

新中国成立后，山水画家们深入生活实际，亲身到真山实水中去写生，取得了很大的成绩。不仅使山水画有了新的思想内容，在表现方法上，也脱开了过去的那些虽然较成熟，但也较僵化的固定程式的约束，创立了新的风格流派，可以说扭转了几百年由正统派山水画家所代表的那种陈陈相因的局面。

首先，我们必须肯定山水画家这种深入实际到真山实水中去进行写生的做法是对的。从已经取得的巨大成绩来看，也可以得出这样的结论。到目前为止，画家们通过写生实践，已经取得很多经验，自然也会遇到许多问题，因此，是时候从理论上对这一问题——山水画写生做一探讨。我想仅就以下较有普遍性的几个问题，发表一些个人看法，作引玉之砖，来和关心这个问题的同志们商量。这些问题是：传统的山水画写生方法是什么？面对实景写生是不是山水画写生最重要的甚至是唯一的方法？写生与创作的关系又如何？到底应该如何进行山水画的写生？

先谈传统的写生方法。无论从文献记载，或是从古人的山水遗作来分析，都找不到足够证明，能够断定传统的写生方法是面对真山实水进行的。至少，我们可以这样肯定，古代山水画家的创作“施工手续”，都是在室内进行。就是连“囊纸笔”偶然画一树一石速写式的记录的，也是极个别的情况（黄公望曾这样做过）。那么，到底古人是如何进行山水画的写生呢？根据文献，我们可以知道古人的写生方法是很强调“目击心传”的，这就是多看和牢记，多看到“闭目如在眼前”，牢记到“下

孙其峰写生

笔如在腕底”的程度。先到真山水中看了，再回到画室去画，画了再出去看，往返交替，反复进行，不断提高，不断深入，最后达到了完美的境界。古人称这种根据印象的写生方法为“留影”是符合实际情况的。

这种强调“目击心传”的写生方法，是有其优越一面的，这就是它可以使画家在艺术处理上摆脱不必要的细节的干扰，可以使画家有安排自己主观意图更广阔的天地，减少了画家在从形似到神似的创造艺术形象道路上的障碍。本来客观对象是很复杂的，它虽然很丰富，但也不可避免地混有一些芜杂的成分，画家在创作时，不可能也不必要良莠不分地全部拿来。这种传统的通过观察再通过记忆的写生过程，就是去粗取精、由形及神的深化过程，特别是反复地进行，会使得这种深化过程更向纵深发展。在面对真山实水来进行写生的方法还没被画家们普遍运用的历史年代里，那些山水画大师，就是运用这种强调“目击心传”的写生方法来进行创作的。他们经过辛勤劳动，创造出许多与这种写生方法有着密切关系的表现方法，例如能

山水写生四幅

够包容广阔空间的散点透视的构图方法，洗练概括的各种山石的皴法与树叶的点法，某些带有浓重装饰味道的设色方法，等等。当然，我们说形成这些表现方法的因素，还不止于这一端，面对客观对象进行写生的方法，不太容易产生以上所说的这些表现方法。

现在再让我们谈一谈这种传统写生方法的局限性的一面。既然不对真山实水进行写生，自然会给刻画带来困难。完全依靠记忆来画画，实际上就是默写。这样，一些不必要的细节固然是从画家的记忆中排除了，但是一些必要的部分，也有被遗忘的可能。虽然画家们的辛勤劳动会消除这种遗忘形象的可能，但终究它还是一个缺点（特别是对初学的人）。不面对真山实水进行写生的另一个缺点，是容易助长表现方法上的概念化。由于面前没有客观对象的严格限制和对照，画家在运用表现技法时，自然是容易运用自己熟悉的一套，而不是从客观实际的需要出发。历史上有些画家，虽然走过了所谓万里路，看过了无数的真山实水，而画的仍然是老一套，或者只做到了章法上的某些变化，原因当然很多，恐怕与这种不面对真山实水的写生方法不无关系。

把画案（西洋是画架）从室内搬到室外，面临真山水进行刻画，这是中外山水（风

景）画所走过的一条共同道路。可以肯定这是一个进步的现象。这种写生方法的优越性，不仅在于面对客观对象可以很具体很深入地刻画，还在于它可以推动画家不断地探索新的表现方法，就连那些已有的较为固定的传统技法（如树法山石皴法等）的运用，在面对真山实水的严格对照下，也不允许画家不管具体情况地生搬硬套。关于面对客观对象进行写生的优越性，证之于目前的事实，更可证实这一点。如上面所说，自从画家们深入真山实水中进行写生之后，山水画坛上就出现了一番新的气象，形成一些新的风格流派。从构图上看，过去的那种近于公式老一套的旧格式不见了，而代之以千变万化的新式样；树木山石的表现方法也显得丰富多样，许多古人没用过的技法被创造出来了；在色彩的运用上、透视的处理上……都有较显著的变化和进步。更值得注意的是，有些老画家，画了几十年的某派某家山水，已经形成了坚固的一套技法，在构图、设色、用笔、运墨各方面几乎是几十年没有变化，通过近年来深入实际，面对真山实水的写生活动，在风格上也有了显著的变化。因此，我们还可以这样肯定，面对真山实水的写生方法，对某些只惯于临摹古人作品的老一代山水画家，有着推陈出新的作用。

面对实景的写生方法固然有如此多的优点，但也不能不看到它的缺点。特别是目前有些人过分高估这种写生方法，认为它可以代替一切，这样的看法就更值得研究了。我们必须指出这种面对实景的写生方法并不是唯一的方法，如果说它对画家们锻炼技术是个有效方法，那么，它对创作来说，却有着很大的局限性。特别是中国山水画，讲究“洗练”，讲究“意境”。所谓“洗练”，就意味着有取有舍，不是什么都要；所谓“意境”，就意味着不是自然的翻版，而是染上画家情感的艺术形象，是主观与客观的统一。处理手法上的取舍也好，创作方法上的“意境”创造也好，都不是面临真景的写生方法所能胜任的。面临实景的写生方法的局限性，首先在于许多不必要细节对画家处理形象的干扰，使画家不敢大胆地突出一些什么和强调一些什么。在目前的写生山水画中，某些“敢取不敢舍”“敢实不敢虚”“能繁不能简”的构图，不能说与这种写生方法没有关系。另外，面对实景写生对“意境”创造的“排他性”也是很值得注意的一个问题。画家如果长期地安于这种写生方法，就会不自觉地取消了“中发心源”的主观能动性。不能设想革命的现实主义与革命的浪漫主义相结合的山水画，只有片面的“外师造化”，而取消了“中发心源”的主观能动性，就会掉进自然主义的泥淖。

那么，我们应如何对待这两种写生方法呢？我认为最好的方法就是把二者结合起来。锻炼基础功夫或是探索新的画法时，不妨更多地使用面对真山实水的写生方法。传统的“目击心传”的写生方法，可以被当作一种较高级的写生方法，与面对真山实水的写生方法互济其短。画家通过面对实景的写生方法，可以不断地从现实中吸取营养，通过“目击心传”的写生方法，使自己写生逐渐地摆脱形似的束缚而达到神似。写生到了神似的境界，已经不是一般习作性写生了，它已经进入了创作的范畴。

面对实景的写生，对传统的写生方法确是一个补充。根据民族绘画的传授（教学）和学习的规律，是否可以拟定这样一个写生与创作的路线，即从面对实景的写生到“目击心传”的写生再到创作。如果再把临摹适当地穿插进去，那么不仅可以把写生与创作结合起来，并且可以把“师古人”“师造化”结合起来，把继承与出新结合起来。至于根据各自的不同情况的要求，更多地着重于某种写生方法的运用，那也是值得注意的问题。

（本文选自《河北美术》1962年第1期）

松鹤延年

指画琐谈

指画，又称“指头画”或“指墨画”，是中国画的一种特殊表现样式，基本隶属于写意范畴。顾名思义，它主要是用指头、指甲蘸墨或颜色在纸绢上绘制而成的。指画家们根据不同的物象，往往采用不同的指法。具体画法因人而异，有惯用小手指的，有常用无名指的，还有中指、食指并用的。画线或细微部分，多用指甲。画较为简括的地方多用指。画大幅作品，往往五指并用。正像用笔可分中锋、侧锋、顺锋、逆锋那样，指法也有正用、侧用、顺用、逆用之别。鉴于指头不能像毛笔那样蓄存水墨，因此也有采用药棉花或海绵做含墨蓄水工具的。功力深厚的画家，作起指画来，指与掌交替运用，挥抹裕如，随机应变，不拘一格。时而如春蚕吐丝，时而像按点琴键，时而赛劈石斩浪，时而似挽袖拨弦。指来甲往，幻化无穷。指画，虽不如笔画那样刻画入微，但它在风格上的生拙简括，却有笔画不能替代的妙处。正因如此，在姹紫嫣红的艺苑中自有它一席之地。

用手指作画并形成一套完整技法的，当首推清代画家高其佩。高其佩，字韦之，号且园，铁岭人，属汉军镶白旗，官刑部侍郎，主要活动于清代康熙、雍正年间。他从 8 岁拜师学画，苦练 10 余年，仅画稿就积两大筐之多。据说有一天，高其佩梦见一位老人，引他进入一间土屋，四壁皆画，室中除有一盂水外，别无其他。他望着壁画，不觉技痒，情不自禁地用手指蘸着水照画起来。醒来，他欣喜若狂，便模仿梦中以指蘸墨之法，信手画来，头头是道。从此以指代笔，终于成为一位震动当

孙其峰创作中

孙其峰拉二胡

孙其峰与老伴杨锦屏合影

时画坛的指画家。他曾特意镌刻一枚印章“画从梦授，梦自心成”记叙此事。这个传说确实有点神乎其神，未免流于荒诞。显然意在抬高指画的地位，扩大高其佩的影响。然而，高其佩致力于中国画的创新，敢于大胆尝试，以至达到夜不能寐、神魂颠倒的程度，却是令人相信的。“梦自心成”，说得很有道理。其实，绘画作为造型艺术总是要从效果出发的。要造成丰富多彩的效果，只用单一的工具，往往是难以奏效的。为此，人们制造了各种不同型号、不同材料的画笔，也试用过许多不同的辅助工具。据传宋代苏东坡曾用莲蓬作画。现代有的画家偶尔用丝瓜瓤子、纸捻、电熨斗等辅助画笔作画，都是理应允许的。有人误把指头画当作“墨戏”而轻率予以否定，乃一种错误态度。当然，我们肯定指画，并不意味着否认其他形式的绘画，更不是特意提倡它。而是主张在人类五彩缤纷的画坛中，要允许和欢迎这朵鲜花开放。高其佩的辛勤创作，使指画在清代画坛上独树一帜，得到了人们的好评。如清人张志钤在他的著作《画家品类举要》中写道：“国朝工指墨者甚众，高司寇其佩善指头画，人物花木鱼龙鸟兽，天姿超迈，奇情异趣，信手而得，四方重之。”高其佩的侄孙高秉著有《指头画说》，记述高其佩的指画和逸事甚详。高其佩之后，攻习指画的，不下百人。其中较有成就的，当推高其佩的外甥朱伦瀚。现代杰出画家潘天寿以其深厚的功力和多方面的艺术修养，将指头画推进到一个新的境地。潘天寿的指画艰涩重拙，颇有金石韵味。其枯湿之变，沉郁之气，独具自家特色，非笔墨所能替代。如他的指画《松鹰图》，布局

林间精灵

孙其峰与弟子王振德在一起

奇崛，墨色古拙；苍松健翮，跃然纸上；意境深邃，气势磅礴，令人仰止。自然，潘天寿的指画是以他的笔画为根柢的，而他的笔画也引入、融会了指画的某些意趣和韵致。可见，指画与笔画不仅并行不悖，而且能相互生发，相得益彰。

指画步入画坛，经百年而不衰。这充分说明指头画在经历了长期的历史考验之后，已经获得了人民的批准。与此相反，有些“艺术尝试”，如舌头画，虽也鼓噪于一时，但由于离格太远，不久便道衰人亡，被岁月的流沙淹没了。实践证明，艺术的生命力是与人民的好恶、习俗息息相关的，任何悖于人民意愿的虚情矫饰的“艺术”，注定是短命儿。而获得人民批准的艺术，却与长绿的生活之树共存。

不言而喻，对于初学民族绘画的人，是不应先从指画练起的。因为手指毕竟不如用大、小，软、硬等各种型号的毛笔那么灵便自如。只有具备了一定的笔墨画的基础，才有可能以指代笔。任何一位以指画名世的画家，其笔画也必然是出色的。高秉在题高其佩的画时写道：“笔绘尝为指绘拚，须知指笔互相因”，同时指出高其佩是在系统地钻研探讨了唐、宋、元、明、清等各个朝代的大家名画之后，才“集其大成、复将诸大家之用意用法尽归于指”的。事实上，高其佩成为煊赫一时的指画家之后，也从未放弃过笔墨画的创作。他曾镌一章云：“偶然用笔”，盖谓此也。另一方面，由于画法不同，指画也不必翻译笔画的效果。恰恰相反，指画应充分发挥指甲这个“工具”的特殊性能，以造成指画独有的情趣。《指头画说》云：“用指废笔者，以笔所难到处，指能传其神。而指所到处，笔勿能及也。笔多工细，指多写意。然非笔画工细之极，指画不能善写其意。”这些话虽有扬指抑笔之嫌，但就主张发挥用指效能而言，却是颇有可取之处的。

（本文为孙其峰与王振德合撰，选自《中国画》1988年第3期）

关于初学花鸟画的几个问题

什么是花鸟画？花鸟画的社会意义是什么？

花鸟画是以花卉、翎毛、草虫及瓜果为主要题材的一个中国画种，花鸟画成为独立画种之后，历来为人民所喜爱。一般来说，它丰富着人们的精神文化生活，培育着人们美的情操，而不像有些人所说的那样，只是剥削阶级茶余酒后玩赏的摆设儿。在物质生活极为低劣的新石器时代，先民便已经开始把动物、植物作为图腾崇拜的标志或装饰，描绘在日用的器皿——彩陶上。当然，我们不能说这些动植物纹样就是花鸟画，但我们说它是花鸟画的“发端”或者“前身”并不算过分吧！

当花鸟画从自身的“发端”（那些彩陶纹样）不断提高特别是摆脱了人物画的附属地位时，它很快就在艺坛中占有一席地位，而且一直不断发展。它的发展过程，说明了人们生活要求的复杂化，同时也说明了人们对艺术欣赏要求的多样化，从此花鸟画也像其他画种一样起着丰富人民精神生活的作用。

花鸟画产生并成熟于封建社会，所以封建社会的统治者，如同占有其他艺术品一样，也占有了花鸟画，用以填补他们的精神生活，点缀皇家所谓的“四海升平”。但有人据此引申出花鸟画唯一的社会意义就是供统治阶级玩赏的错误结论。事实上就在统治阶级占有一部分花鸟画艺术成果的同时，在广大的劳动人民中间也还流传着具有民间特色的花鸟画，如民间年画中常见的题材——“喜鹊登梅”“锦上添花”“松鹤延年”“鸳鸯并蒂”等，这些不正是传播在广大劳动人民中的花鸟画吗？这是不

1982 年 10 月，孙其峰在南京艺术学院讲学

应忽视的一部分。对花鸟画反映现实、反映时代精神问题，曾有人提出怀疑，但如果我们不用人物画反映现实的尺度去衡量、去要求，那么我们应该承认花鸟画在某种程度、某种意义上也能反映现实和反映时代精神，这就是花鸟画通过其特有的寄寓方式、特有抒情角度来完成的。当然也有的花鸟画只是表现了自然美，是人化了的花鸟。因此，对于具体的花鸟作品是不能笼统论定的。

新中国成立后在党的文艺方针指引下，花鸟画得到了前所未有的发展，从各个角度满足着人民的需求，成为广大劳动人民喜闻乐见的艺术品种之一。从实用角度上，花鸟画原来的那一部分装饰作用，也随着工艺品和工业品的发展及提高，大大地发挥了它的社会作用。花鸟画的这些社会作用，是不容置疑的，也是任何人抹杀不了的。

学习花鸟画为什么要了解它的发展史？

中国花鸟画的产生与发展是有一个过程的。我们在学习的时候，如缺乏对历史的了解，就不会知道花鸟画发展的整个过程，就看不到每一个时期的特点与联系，

嘤嘤其鸣

岸边小憩

松鼠红果

栖

双栖图

鹭鸶图

因此也就不容易研究它的发展方向，尤其是自五代、两宋以来的发展变化。五代、两宋时期是花鸟画发展的灿烂时代，画家众多，创作繁荣，真迹流传至今的颇多。五代的花鸟画，主要集中在西蜀和南唐。唐代由于经济的发展及文化的南移，花鸟画在晚唐时期得以长驱直进。黄派花鸟画，成熟于西蜀的黄筌，发扬光大于宋初的黄居寀，他们是在晚唐边鸾、刁光胤、滕昌祐等人的基础上发展了勾勒彩晕的画法，成为工笔画的先驱。画家多取材珍禽、瑞兽、名花奇石，用笔工细，墨痕浅淡，再以丰富而浓艳的轻色染成，笔致工整细腻，浓丽堂皇，所以当时世称“黄家富贵”。而南唐的徐熙则不然，他发展了水墨晕染、以墨为主、轻色淡彩的画法。沈括的《梦溪笔谈》记：“徐熙以墨笔为之，殊草草，略施丹粉而已，神气迥出，殊有生动之意。”徐多取材江湖汀花、野竹水鸟、渊鱼，生意盎然而不雕琢，以求自然与野逸，这种着重笔墨的画法，对后世影响很大，特别是到了明代，沈周、陈白阳、徐青藤等人继承发展了水墨画，形成了写意花鸟画派。

写意花鸟画的出现是花鸟画发展的必然结果。一些文人、学士采用了徐熙的点染方法，着重“神”“意”的表现和笔情墨趣，不求形似，逸笔草草，苏东坡称其为“士人画”，后世名为“文人画”，文同、苏轼便是早期文人花鸟画的杰出代表。这种画法的出现标志着对感觉的强调，在“外师造化”“中得心源”的关系中，为表现作者强烈的情感与向往，大胆地摆脱自然状态的束缚，使绘画向更高阶段推进。如苏东坡所言的“论画以形似，见与儿童邻”正是对这一新兴画派的理论总结，但真正完成花鸟画从工笔到写意变革的并不是宋代画家，而是元代尤其是明代画家们。

明代花鸟画主要是发展了写意画法，而写意的程度也不一样。林良的画较为坚实、豪爽，吕纪的画较为工整、秀气，但能够打破对象结构关系，更强调气势的要算徐青藤了。画史上虽然经常把徐青藤与陈白阳并称，但陈白阳的花鸟画在很大程度上还保留着沈石田那种重视结构的严谨面貌，只是在不同程度上更强调了笔情墨趣和书法韵味而已。

清代的绘画，因袭古代风气极盛，基本上处于停顿状态，唯有花鸟画仍能不断发展和前进，如八大山人、石涛等人，抱着沦为遗民的痛恨，借书画发泄心中的愤懑情绪，八大山人的画内容精练，石涛的画笔墨淋漓，都表现了各自独特的情怀。扬州画派的兴起，使写意花鸟画在绘画史上成为一大流派，对近代和现代产生了极大影响，华新罗的花鸟画很别致，他把画山水的皴擦方法与花鸟画原有的技法结合起来，这是一个新的创造。郑板桥、李鱓、金农、黄慎等，都各有其面貌。此外，恽南田也是一个别开生面的画家，恽南田的主要风格是没骨点染，虽说宗法徐熙，实际上自成一格，可视为工笔画的一个新的支脉。清末的虚谷、任伯年和吴昌硕，分别继承了前人的优良传统而有所创新，影响着至今的小写意和大写意。现代的齐白石、潘天寿等人发展了大写意的画法。王雪涛、郭味蕖、江寒汀等人继承了陈白阳、八大山人、扬州画派及任伯年等人小写意的画法，并有所发展，各自形成自己的面貌。由此可知，了解各种花鸟画主要流派的源流，学习起来就可以有的放矢、有所侧重了。

花鸟画从表现方法上可分为哪几个大的流派？

分析当前花鸟画的表现方法，大致可分为两大派系。其一是“工笔”，自五代的黄筌、黄居宷至北宋的赵佶及宋代画院、赵昌、崔白，元代的王渊直至现代的于非闇、陈之佛、张其翼等人。工笔勾染画风工整严谨，色彩浓艳，先勾后染，富于装饰性，这是一种源远流长、较规整的表现方法，历来为广大人民群众所喜爱，也是易于初学者学习的画种之一。工笔画的支流（有时也成为主流）称作没骨点染，没骨之不同于工笔勾染，是在画法上直接用色墨晕染而不勾墨线，其风格近似工笔。代表画家很多，如明代的沈周，清代的恽南田，近代的张和庵，现代的陈东湖、李鹤筹等。没骨点染也可和工笔勾染兼用，以取得效果上的对比，形成自己的艺术特色。

其二是“写意”，写意画由于“写”的程度不同，一般分为小写意与大写意，但有时大写意与小写意又很难区分，具体到某一画家也是二者多兼之，所以不好确定一个标准。大写意要求高度概括，笔墨精练，造型夸张，色彩浓重，来塑造浑朴厚重、恣肆强烈的艺术效果，给人以强烈的感染。大写意对初学者来说并不易学。其代表画家如明代的徐青藤、清代的“扬州八怪”（有些画家或画）、近代的吴昌硕、现代的齐白石、潘天寿、李苦禅等。另外，大写意还有一个旁支，即以“准确”造型为特点的大写意，代表画家如徐悲鸿等。小写意的变化较大，面貌繁多，有的近似没骨，有的靠近大写意的边缘，有的位居其中，如明代的徐青藤，他的画，风情散豁，水墨泛滥，靠近大写意。而陈白阳的画风则才思清新、粗中带细，接近小写意，两人虽都属写意，但意态悬殊，气格迥别。林良、吕纪（吕纪的作品，有一部分属于小写意）则以清新的意境、准确的造型、精润的笔墨、工写结合的形式，开创了一个新的格局。王冕、沈周、唐寅、周之冕，也各有所长。清末扬州画派的华新罗、李鱓、金农诸人，继承了没骨写意的风格，又各有其发展，为小写意的播扬奠定了基础。近代的任伯年又以丰富多变的章法、准确的造型、浓郁的色彩、秀润的笔墨，

古树双鸦图

使小写意画法为之一振。王梦白又别开蹊径，其辛辣的笔墨、巧致的构图，影响着至今的小写意画坛。现代的王雪涛、汪慎生、郭味蕖、江寒汀等人，在继承传统的基础上都创造了自己的面貌。小写意为人们所熟悉和喜爱，雅俗共赏。因小写意偏向工笔与大写意之间，因此对初学者来说，较为易学易攻。介乎工笔与小写意之间的是半工写，半工写与小写意近似，浮动较大，面貌较多，如我国南方画家根据南国湿润的气候和恬静的自然环境，在传统的基础上，适当地吸收了日本画的某些优长，采用粗画细染（烘染）的手法，粗画以取势，细染以取润，使效果远看粗犷、近观细腻，表现了南国秀润的环境气氛。代表画家如高奇峰、高剑父等。

另一种工写则采用粗细结合的表现方式，如粗花卉细翎毛，粗花卉细草虫，粗

仿八大山人笔意

三吉图

枝叶细花冠等。不论哪一种方法，都是从不同角度制造反差，以增加艺术效果。

学习花鸟画者，从工笔入手好，还是从写意入手好？

作为学习花鸟画者，首先要给自己“定向”，就是确定以什么画种为自己的奋斗目标。如工笔勾染或没骨点染或其他。方向定了，我们认为定向工笔勾染或没骨点染者，可先从工笔勾染或没骨入手，也可从小写意入手，这样可以克服过于拘谨的弊病。定向为大写意者可直接从大写意入手，或从小写意（靠近大写意的小写意）入手，因大写意高度提炼概括，在似与不似之间。如从工笔入手不易过渡到大写意上去，但在学习过程中并不排斥对工笔画的学习。

桃花流水鳜鱼肥

望春图

春在枝头

孙其峰向参展观众招手致意

总之，无论从何画种入手，都要先易后难，以一种为主，旁及其他。

如何自学？采用什么方法较好？

学习花鸟画大部分人或大部分时间是以自学为主的。首先对自学要有长远的想法和要求，以自己为主，要有计划，有步骤、不要随性而画。有计划才能按部就班，先易后难，循序渐进。

对自学者来说，哪种方法较为行之有效？笔者认为，集中优势兵力，各个击破，选典型以点带面。例如梅花、杏花、蜡梅、桃花、海棠、梨花等木本花卉，这些花都有主要枝条的，造型近似。所以在学习时，可以选梅花为典型。一是可以在实际生活中学习，以真花为蓝本。二是以间接生活为依据，从临摹开始。梅花学会了，其他如蜡梅、桃花、杏花、海棠、梨花、秋叶等木本花卉的画法也就触类旁通了，只是花瓣有尖、圆和多、少之分，叶子颜色有所不同罢了。这样举一反三，似少实多，似慢实快。那种看什么画什么，样样抓、样样都学不成的方法是千万要不得的。再有，在实践的同时，还要重视理论的研究，把理论与实践同时重视起来。每实践一段，都要总结一下，上升到理论的高度，通过对个别典型事物的深入研究，从中找出带有共性的规律，做到知其“当然”，还要知道“所以然”，这样才能发挥典型教材、重点学习的作用。只要坚持不懈，方法对头，学好花鸟画是不难的。

（本文为孙其峰与贾宝珉合撰）

人民美术家·孙其峰

评名家名作

PING MINGJIA MINGZUO

从苏东坡和倪云林看文人画

文人画，这一被广泛使用着的概念，因为本身的提法不是很科学，所以人们对它的理解也不尽相同。在目前，有些人片面地认为“文人画”是专讲“笔情墨趣”的，甚至把它看成是中国画的形式主义，进而笼统地运用这一概念，不加具体分析，对一些画家做出了错误的评价。

苏东坡和倪云林就是在人们不加详察的情况下，被当作了所谓“形式主义”的画家加以否定了的。本文打算提出一些关于二人的看法，和大家商量，因为对他们的评价问题，是和文人画的讨论密切联系着的。苏东坡被当作形式主义文人画家的主要根据有两方面：一是他的“论画以形似，见与儿童邻”的论点，另一则是他画竹不画节（没有真迹证实）。这样，有些人就给他下了结论说：苏东坡否定“形似”，又加他是个文人，因此他就成了所谓形式主义文人画家的代表者了。其实，这是一点论的片面看法，是对苏东坡论点的曲解。从“论画以形似，见与儿童邻”的论点是不应得出不要形似的形式主义的结论的。本句诗下两句说“赋诗必此诗，定非知诗人”。如果我们从苏诗整体来看，不难理解，苏认为作画不能专尚形似，言外之意是说还要刻画对象内在的东西——精神实质。他还认为，绘画上这种表达对象精神实质的创作方法，是和作诗不应崇拜事实，应该对现实加以提炼取舍，然后虚构出典型形象有着同样重要意义的。苏东坡的其他论点，也可证实他不是形式主义者，在论到传神时，他很强调性格的把握。他认为，要把握对象的真正精神面貌，必须

孙其峰为新老弟子上课

到群众当中，深入观察对象的一言一行，把对象在极自然的情况下流露出的真实情感加以概括，然后再进行艺术加工，塑造出真实的形象。他反对让对象“……具衣冠坐，注视一物，敛容自持……”的机械地刻画外表以求形似的画法。他的有关画竹的理论也很高明，他讥笑不顾整体只注意琐碎细节刻画的画家时写道：“今画者乃节节而为之，叶叶而累之，岂复有竹乎？”他认为，画竹要“先得成竹于胸中，执笔熟视，乃见其所欲画者，急起从之，振笔直遂，以追其所见，如兔起鹘落，稍纵则逝矣”。在学习方法上，他主张要勤学苦练。他认为，不学习就会遇到“内外不一，心手不相应”的窘境。从这些论点中不但找不到形式主义，与此恰恰相反，这正是现实主义的创作观点。至于他画竹不画节的问题，并没有苏的真迹证实。假如苏东坡所画的是远景的竹子，那么不画竹节正是他强调整体感的艺术组织的实践。证据不足，此处不多谈了。

用历史唯物主义的眼光看，苏东坡的“论画以形似，见与儿童邻”的论点，以及他有关强调内在精神实质描写的说法，都是有其历史原因的。至少我们可以说，苏的论点对于反对当时过分追求形似的倾向，是有着积极作用的。这些论点，对今天的创作实践，仍有一定意义，片面地加以否定是不公平的。至于后世某些文人，根据苏的论点引申出一些错误理论，那是另一回事了。和苏东坡一起被某些人否定的另一画家，是“元四家”之一的倪云林。这是因为倪云林说过“仆之所谓画者，不过逸笔草草，不求形似，聊以自娱耳。”又说：“余之竹，聊以写胸中逸气耳，岂复较其似与非，叶之繁与疏，枝之斜与直哉？或涂抹久之，他人视以为麻为芦，仆亦不能强辩为竹……”这样，人们就据此论点把倪云林看成是文人画不求形似的最典型的立说者之一。由此扩而大之，也过分贬低了“元四家”山水画的成就。当然，单从倪云林的这些说法来看，其论点是错误的，但如果只从这一点出发就全面否定倪云林，甚至“元四家”，也是不全面的。从倪云林的某些真迹来看，至少我们可以说倪的绘画实践，与他的上述论点是不一致的。以他的《六君子图》而论，前面的六株树不仅姿态生动，各不相同，而且形体也很完整，充分描写出了在较远距离外所看到的各种不同树木的精神面貌。另外，拿他的《江干秋树》来说，不仅笔墨洗练，造景也很真实。就拿他所画的墨竹而论，也不是真如他自己说的“逸笔草草”，连画的是什么都看不出来的那样。登载在《中国画》第二期上的《墨竹图》，看来不但笔墨老到，即以造型而论，其严谨、真实的程度并不下于为大家所一致推崇的石涛和郑板桥。登载在《中国画》创刊号上的《怪石丛篁图》中的竹子，也是那么“平正有法”“气定神足”，从这里看不出不要形似“逸笔草草”的形式主义的风格。因此，可以证实倪的绘画实践与他上述的论点是有矛盾的，同样也证实了认为倪云林是一位形式主义的画家的论点是错误的。在为倪云林“翻案”之余，也有必要谈一谈对元人山水画的评价问题。从宋到元，的确有一个山水画风格上的大变化。如果说南宋的刘（松年）、李（唐）、马（远）、夏（圭）不同于五代的荆（浩）、关（仝）、董（源）、巨（然），那么，元代的王（蒙）、黄（公望）、吴（镇）、倪（瓒）更不同于刘、李、马、夏。应该说，元人山水画在风格上变化的程度，比过去画风上的任何变化都更突出一些。

元人在方法上开始大量使用干擦之笔（这与用纸作画有关系），在格调上一变马、夏的“刻露”缺点。苍茫浑厚格调的形成，不仅与在方法上使用干墨枯笔有着重要关系，同时也与观察、认识对象和进一步塑造形象分不开。拿宋人风格与“元四家”风格做一比较，在都重视气势（整体感）的前提下，如果说宋画更多地偏重于“近观以取其质”的局部刻画和交代的话，那么元画便是偏重于“远观以取其势”的大效果

双喜图

的摄取。例如王黄鹤山水画苍毛的风格，近看似乎有些交代不清，远看却头头是道，取得了以少胜多的效果，这正是表现了画者在一定距离上所见到的真实的视觉形象。元人的这一新的创造，是表明从偏重“说明”而趋向重视“感觉”的一个重要变革，绝不意味什么形式主义，其给予后代的影响是很大的，直到今天我们还在普遍地运用着这种强调感觉的表现方法。这是民族绘画中的珍贵遗产之一，其造诣水平，比之唐宋并无逊色。

现在我也谈一下我对文人画的看法。我认为，对这一概念形成的历史过程加以分析是很有必要的。首先立说的以及以这一说法造成深远影响的应该说是董其昌。世人对董在绘画史上的全部评价这里先不谈，但作为文人画的立论者和传播者来说，董是有私心的，这就是“尚南贬北”。董其昌认为，南宗画就是文人画，文人画是高于作家（董称为行家）画的，当然比所谓“匠人画”更高明。如他在《画禅堂随笔》中说，文人之画，自王右丞始，其后董源、僧巨然、李成、范宽为嫡子。李龙眠、王晋卿、米南宫及虎儿皆从董、巨得来，直至元四家——黄子久、王叔明、倪元

山水写生四幅

林、吴仲圭皆其正传。吾朝文、沈，则又远接衣钵。若马、夏及李唐、刘松年又是大李将军之派，非吾曹所当学也。从董其昌这一段话看，除了宗派之见，找不出什么关于文人画的科学根据。正由于这样，才给后世再认识上带来了混乱，在绘画实践和艺术评论上造成门户之见。认为凡是“文人画”也就是所谓“南宗”，是高一等的，是有书卷气的，“文人画”以外的画——“北宗”是霸悍粗犷的，是没有书卷气的。由于明清以来“南宗”文人画占优势，所以把像戴进、蓝瑛、袁江、袁耀，甚至刘、李、马、夏这些大师，都说得一文不值；所谓文人画的“南宗”的大部分画家们，则死守着自己的门户，造成江河日下的局面。甚至有些无聊的文人，抹几笔什么兰竹之类，借此标榜，以示“风雅”。把文人画的价值抬得过高，排斥文人画以外的所谓作家画以及所谓“匠人画”，甚至用“文人画”搞宗派以自抬身价，如董其昌那样，固是错误的；同样，把文人画不加详察，全都看成是形式主义加以否定也是错误的。那么，今天应如何看待文人画？首先我认为，不应像董其昌那样把范围扩大到连荆、关、董、巨等这样具有高度艺术水平的画家也算作文人画家之流。我认为文人画家，只应该指那些具有文人身份又有一定绘画修养的人。对他们来说，文人是他们的本来面貌，绘画只是他们文人生活中的一个方面，不是主要的。这就

是说，文人画在技术水平上不一定是很高的，但由于他们有其他方面的艺术修养（如文学修养），所以他们的作品也另有一番风趣，尤其是在发展诗、画、书法联合的形式上或是艺术评论上，他们是有一些贡献的。如宋之苏东坡、明之徐文长等人都可作为这类画家的代表；至如近代精于书法篆刻、能诗能文的齐白石，虽然他也有着一般文人在学术上的造诣，但不一定算作文人画家了。

文人画与形式主义是两个概念，但我们并不否认文人画家中有一些人是形式主义者，这就是那些专讲抽象笔墨不讲内容的无聊文人们，如果要否定的话，那么就将这些人否定了是可以的。文人画是历史产物，它是和具有熟练的艺术技巧的作家画，以及民间艺人的“匠人画”相对而说的。文人画与所谓“匠人画”的区别是显而易见的，但文人画与作家画，对某些画家来说，却是很难区别的。其实二者之间本来也没有什么严格界限。在今天的新社会里，当人们都有了受教育的机会，人与人之间文化程度上的悬殊现象逐渐会消失，文人画家也就不存在了。

（本文选自《美术》1959 年）

任伯年、徐悲鸿、黄宾虹、齐白石作品观后

我看过很多任伯年的画，他的那种多方面的才能、深邃的功力、熟练的技巧，总给我留下久久难忘的印象。说他是近代画坛上的一位开派大师，是很切合实际情况的。他以自己杰出的艺术成就，给当时以及后来上海画坛以巨大的影响，形成了所谓“海派”。不管过去的文人们怎样指责这个艺术流派，但所谓海派仍站住了脚，终于成了人民热爱的绘画新格调，任伯年大师的名字，也将永远光辉地载于绘画史上。从山水、花鸟到人物、传神（即肖像），从工笔到写意，从点染到双勾……他无一不精通。任伯年的绘画才能也突出地表现在他的构图能力上，不论是寥寥几笔的斗方册页，也不论是规模宏伟的通屏连障，无不布置得生动得体，别出新意。正统派的那种千篇一律的陈调，在任伯年的构图中找不到一点影子了。任氏的用笔，是以准确生动见长的。他行笔较快，破侧笔锋较多，虽然未免有些剑拔弩张的习气，缺乏含蓄的意趣，但他那种得心应手、意到笔随的熟练程度，却是惊人的。无论是点染一丛叶子，还是勾皴一块山石，或是描绘一丛枝干，总使我们感觉笔笔连贯、一气呵成。“笔墨”是民族绘画构成因素的一个重要部分，但是在过去的一段时间里有些被忽视，甚至有些人不敢谈“笔墨”，这是必须纠正的一种现象。

在色彩的处理上任伯年也有自己的独特风格，从多次的欣赏中，我们感到任伯年在处理花卉叶子的色彩上，使用了更多的夸张手法，在很多情况下把本来是绿色的叶子画成墨绿、蓝黑、赭石、赭墨、蓝灰以至黄灰、红灰……这些多样的色调，

孙其峰与王颂涛、溥佐及弟子霍春阳、杨沛璋、刘文生等人合影

虽与叶子的本色有些出入（有时这种出入很大），但它是画面上的色调节奏感所需要的，其结果不仅未减弱表现对象的真实感，相反，却取得了更丰富多样的艺术效果。对花的色彩用写实手法处理，对叶子的色调使用浪漫主义的手法处理，本来这已经是民族绘画色彩学上的一个法则，但在任氏笔下这一法则得到了新的运用和发挥。

在我们肯定一个画家艺术成就的同时，也不应忽视了他局限性的一面。如果我们说任伯年的创作生活中还有些什么遗憾的话，那就是他比较缺乏全面修养（例如文字、金石等）。缺乏有关的修养，对他的创作也造成一定的局限，把遭受“吞毡饮雪”的折磨仍然坚贞不屈的苏武的形象，处理成脸上并不缺乏脂肪的抽象的牧羊人的样子，与缺乏全面修养不无关系。任氏在创作生活中的这一缺陷，也颇使人深思。

一般地讲，大写意画法的造型，总是变形、夸张得比较厉害，或追寻简古（如八大山人），或趋向质朴（如齐白石），或探求浑穆（如吴昌硕），或崇尚雅拙（如金农），但是徐悲鸿大师的大写意画，在造型上却是着意追求严谨和准确，只要把他的“猫”与八大山人的“猫”，把他的“马”与金农的《百马图》，把他的“柏

芭蕉小鸟

岸边小景

树”与吴昌硕的“柏树”做一比较的话，这种差别，便会一目了然，这大概因为徐氏掌握了熟练的素描技巧。这位大师的作品的取材范围并不广，但是他笔下的每一种艺术形象都是经过千锤百炼的，因此也达到了高的艺术水平。他画的“马”，既不同于以勾染见长的曹（霸）、韩（幹）、李（公麟）、赵（孟頫）的那一派，更不同于以层层烘染见长的郎世宁派，可以说在大写意派中独树一帜，并且达到了前无古人的水平。徐氏画马的技法可说是“会古通今”“兼容并蓄”的，从传统上讲他的马是源出于赵之谦（笔者曾见徐氏藏有赵之谦画的马一幅，风格颇类徐氏早年作品）的，但在造型处理特别是在光暗处理上又融入了西洋的画法，师古而不泥古，吸取外来营养而不生搬硬套。徐氏对待古今中外的关系，给我们树立了好的典范。严谨的造型与豪放的笔势是有矛盾的。徐氏巧妙地用“大笔画势，小笔画细”的方法把这一矛盾统一起来，当刻画马的头面及其他重要关节时，就笔笔着意地苦心经营，为了不使这种着意的刻画损害整体的气势，则又在马的鬃尾部分运用了奔放豪迈的笔势，使表现方法上的细谨严密与粗放恣纵“互济其穷”、相得益彰。这是徐氏的惯用手法之一。徐氏的“马”，在风格上，也有早期与晚期的不同，早期的马多用点染，晚期的马就多用勾点并施的方法，勾线也更趋向凝重、生涩，颇有汉石刻遗意。这一点也标志着徐氏艺术进一步的成熟。漓江风景，是徐氏山水画中最常见的题材，这里的“漓江两岸”是山水与花鸟相结合的题材。几只鱼鹰，用了极重的浓墨和接近平涂的笔法来处理，这种大胆的表现方法所取得的，带有汉画像石厚重感觉的艺术效果，正为处理大片泼墨背景提供了前提条件。前面景物（在这里是主体鱼鹰）的浓重，正是为了对比出后面背景的轻淡，形成了突出的空间感，这种从墨色上把主体加重因而使得主体更突出的表现方法，是徐氏的另一个惯用手法。几笔淡淡的浅绛的沙滩，与其说是使画画上多了一个色调，

孙其峰在双槐楼家里为霍春阳作示范画

还不如说它衬托了倒影的泼墨色调。这一手法，是色调关系上的一种“相让”关系。浅绛与泼墨的结合是徐氏在设色法上的新运用。

藤萝花本身够美的了，但是白石老人笔下的藤萝花显得更美。浓重的枝条，清淡而茂密的花穗和柔嫩而清淡的叶子构成了一个春意十足的幽美的意境。本来是紫色调子的藤萝花，白石老人却偏偏用洋红来处理，红的花朵、淡蓝的叶子和浓重的枝条形成了现实中的藤萝花所没有的强烈的艺术效果，补充了现实的不足。这也就是现实不能代替艺术的原因。

藤萝花早就成了画家喜爱的多次描写的对象。远的不说，近人赵之谦画过它，吴昌硕和任伯年也画过它，并且都画得很好。按理说，藤萝花的美好像是为这些大师优先发掘和占有完了，但是富有创造才能的白石老人却未拘守于这些已有的艺术成就，他用自己的顽强劳动，终于创造出了新的格调。齐氏的藤萝花是受过吴昌硕的影响的，我们就不妨拿二者做一比较，如果说吴画藤萝纵横挥洒有如“草”势，那么齐画藤萝凝重朴厚又有“篆”意，倘论到简练的程度，齐却有过吴处（当然齐在用笔圆浑处又有不及吴处）。白石老人老年的《葫芦》，确实达到了“简而不单”

的化境。画之贵简，意是因它能以“少许”之笔墨，表现“多许”之笔趣，以有限的景物，显现无限的世界。这与文学上的“言简意赅”、兵法上的“以一当十”系同一道理。老人的这幅《葫芦》气势浑穆，老气横秋，确有“人画俱老”之感，写秋而无感伤情调，是这幅画的又一美学成就。在这里齐氏虽然继承和运用文人画的笔墨成就，但文人伤秋的情绪，在这里却代之以丰硕、成熟的喜悦调子，这不能说与老人的健康的艺术观没有关系。

松鼠

黄宾虹大师的山水画，在我印象中最占有地位的便是他极为丰富的墨法，尤其在积墨和泼墨的混用上更是突出。本来积墨法（多层积画的墨法）与泼墨法（水分饱和的一种墨法）是相互对立的两种方法，泼墨多润泽的韵味，所谓北宗山水多系泼墨系统（当然南宗山水也用泼墨），积墨则有厚重效果，南宗多属这个系统。黄氏兼而有之，他自己所说的“浑厚华滋”的效果正是积墨与泼墨混用的结果。宿墨（过了夜的失了胶效的陈墨）也是黄氏墨法的重要组成部分，本来这种墨法古人很少把它当作主要墨法，只是偶一为之，当然也会取得一些“意外之效”。把宿墨当作墨法中的重要组成因素而大量使用，实自黄氏始。笔者受业于黄氏时，当多次看见他喜欢用墨盒陈墨作画，水碗的洗笔水也多天不换，这种异乎寻常的使用工具方法，与形成黄氏的风格也有一定关系（当然不是主要的）。黄氏在用笔实践和理论上，把文人画那一套“肉含筋骨”的理论做了进一步的发挥，应该说这也是他在山水画上的成就的另一方面。

睨睥万山

（本文选自《河北美术》1962年第2期）

刘奎龄绘画艺术的特点

老画家刘奎龄的工笔花鸟走兽画是有他自己的独特风格的。这种风格，既不同于五代、两宋的黄筌、滕昌祐、徐熙、赵昌和易元吉，也不同于元、明的钱选、王渊、边景昭和吕纪。若说从用粉、设色的某些特征看，似乎有点像恽南田，也不对。至于有的人根据老画家的花鸟走兽画精确逼真的造型和细腻秀润的烘染方法，说这是郎世宁的传派或别支，就更不对了。由于这，如果我们说老画家的花鸟走兽画创立了一个新的画派，也不为过誉。

老画家刘奎龄是一位多能兼擅的画家。从题材范围上说，人物、花鸟、走兽都擅长；从画法上说，工、写、勾、点（染）也都能，尤以工笔点染为出色。如果对他的工笔花鸟走兽画加以分析，可以看出以下几个特点来。

一、准确的形似与生动的神气的统一

本来，“形神兼备”是工笔画和写意画共同所要求的。但在处理形与神的具体方法和途径上，不是没有区别的。写意画，由于表现方法上的更大程度的概括与洗练，它在刻画形似时，不可能也不必要像工笔画那样的细致入微，但这并不意味着写意画艺术性的降低，因为相对地“伤损”一点形似的逼真程度，会换来更多的艺术效果。古人所说的“遗貌取神”，就是这个意思，只有敢于“遗貌”（作不受外表形似的束缚讲），才能更充分地通过洗练、概括的笔墨“语言”刻画出对象的神气来。相反，

孙其峰与弟子陈冬至、姜陆合影

在写意画上，如果过分追求形似，就会大大地伤害了“笔墨传神”的艺术效果，也就失掉了写意画的感人力量。如果说写意画应强调“遗貌取神”或“似与不似之间”，那么工笔画便应更强调“以形写神”。也就是说工笔画在造型的处理上，不允许夸张到像写意画那种程度（当然不是不允许夸张）。从表现方法上看，工笔画也便于细致入微地刻画对象。这是工笔画的特点，从某种意义上讲也可以说是工笔画的优点。但是，在追求准确形似的同时，也往往会忽视了“神”的表达。这一点又是工笔画的一个矛盾。这就是白石老人所谓“纤细笔墨，难得神似”的道理。老画家的工笔花鸟走兽画，在形与神关系的处理上，是继承了“形神兼备”和“以形写神”的优良传统的。他笔下的许多鸟、兽形象，都是那么栩栩如生，无论是富丽堂皇的孔雀和斑斓夺目的锦鸡，也无论是机灵敏捷的猴子和善良温驯的绵羊，只要你一看到它，便会被吸引住。老画家的工笔花鸟走兽画之所以有那么多的群众喜爱，主要的原因之一，就是做到了这一点——准确的形似与生动的神气的统一。

二、表现方法上的粗细对比、互济其短

当你细细地推敲老画家的工笔花鸟走兽画时，在表现方法上你可以发现“细主

春意十分

松鼠图

粗宾”的巧妙运用。“主体”（如画画上的鸟、兽）的刻画都是那么细致，甚至连点水痕、色迹都不容易找到，可是作为“主体”陪衬的“宾体”（如背景），就不再那么细谨，相反，却有些强调“见笔见墨”，如果把老画家刻画主体的谨严程度比成是“绣花描金”，那么“宾体”的处理就有点大刀阔斧了。工笔的“主”配搭上粗笔的“宾”，绝不能理解成画家不卖力气。从效果上看，用写意（或带有一些写意意味）的背景衬托工笔的“主体”，要比通幅全用工笔的手法好得多。本来，工笔画的表现手法有这样的一个矛盾：就是细致、纤巧的刻画，往往会给效果上带来缺乏“骨气”的缺点。缺乏了“骨气”的工笔画，会使人感到没有力量、不耐人寻味和“平庸无奇”。用粗笔的背景和细笔的主体对比起来，不仅可以消除这些缺点，

林中飞鸟

枝上灵猴

更重要的是进一步取得“相得益彰”的效果。粗放的背景，不仅不会伤损主体的严谨、细致的格调，由于它的对比，反会使得主体的效果更加突出，也使得整个画面显得手法多样。实际上，手法上的粗细对比，是“矛盾法则”在绘画上的运用，这在古代的作品里已是有了的，如李唐的《采薇图》（原画藏于故宫博物院）就是用“工写相间”的办法处理的。老画家刘奎龄吸取了传统表现方法上的这些精华，创造性地运用了它，这种继承传统的精神，是值得我们学习的。

三、集众长而独运

老画家的独特风格是吸取了多方面的优点，加以个人创造而后形成的。造型上的严谨工整，是出自宋、元；设色的妍丽，特别是用粉的润泽、匀净，有得力于恽南田之处；山石背景的刚健而灵变的用笔和浓淡适中的泼墨运用，显然是源出北派山水；构图上的宾主衬托和开合虚实，来自传统而不拘泥于传统。对于其他如岭南派以及日本画的染法，乃至郎世宁的某些表现方法，他无不借鉴和吸收。在继承传统和借鉴各种流派的同时，老画家还很重视向大自然学习，他对一花一木以及各种鸟、兽、虫、鱼无不留意观察，甚至刻意描摹。只要我们看一下他那些为了探求某一方面奥秘的大量写生手稿，就会立刻明白老画家取得如此成就，绝不是偶然的。综上所述，我们可以总结出老画家是这样对待传统、借鉴（外来艺术）和写生的：继承传统而不忘创造，借鉴外来艺术而不生搬硬套，“外师造化”又能“中得心源”。

四、从效果出发的表现方法

老画家的工笔花鸟走兽画所运用的方法是多样的和灵活的。他敢于打破方法上的一些清规戒律，能够根据不同的内容，运用和创造各种适合的表现方法。例如他画走兽常常用“湿地丝毛”法（先把纸地刷湿，趁未全干时用扁笔丝毛）。这种方法，在传统的工笔花鸟画中，运用的人并不多（岭南派与日本画有此画法），老画家却把这种方法拿来加以灵活运用，使它与勾染、点染各种方法结合起来，形成了自己画走兽的一套独特手法。他画狼、羊、狐、猴等均用这种方法。兽身用“湿地丝毛”法处理，腿、脚、耳尖等处就用勾染法，鼻端等处有时又用点染法，几种方法相互调剂，取得了很生动的艺术效果。另外，他还把用粉（或调色）点染花卉的方法（即没骨点染法，常州派擅长）用来画鸟兽，也很新颖，老画家画马、白鸽、小鸡、乳羊都使用过这种方法。本来这种点染方法不是新创的，但用它来表现鸟、兽是一种创造。至于“汼粉法”（在点染的花瓣上趁未干时注入淡粉水）、“注水法”（在点染的树干上或鸟、兽有斑点处注水，把原有的颜色冲淡一部分），以及各种“湿画法”等，老画家都能根据各种效果的要求，加以灵活运用。

五、严肃的创作态度

我们所看到的老画家的作品，没有一幅不是严谨完整、笔笔到家的。在新中国成立前，有些画家因为生活所迫，或者为了追求物质享受，对创作不够负责，粗制滥造的现象很严重。老画家那时的生活虽然也很清苦，但他对自己的创作从来也不草率从事，无论多么大的画，多么细的画，永远是那么始终如一地对待。对鸟兽形象的塑造，也是那样的严肃认真，找参考、查文献、观察实际，一丝不苟。“信手涂鸦”的应酬之作，在老画家的作品中是找不到的。

新中国成立前，老画家默默无闻地走着自己的艺术道路，虽然他有这么高深的造诣，虽然广大群众也都喜爱他的艺术，但是，他的艺术不能为广大群众所有，他的成就当然也得不到应有的评价。当时的某些所谓正统画家和理论家，把老画家的艺术大都当作格调不高的左道旁门的海派支流看待。当然这是可以理解的。在旧社会，创新的艺术，总是要受到排挤和冷遇的。新中国成立后，在党和毛主席的文艺方针指导下，恢复了老画家的艺术青春，人民给予了他以应有的评价，他的艺术真正地成了祖国绘画（特别是人物画）艺术的百花园中的一朵瑰丽的花朵。现在，他的艺术，已经由他的学生（也是他的儿子）刘继卣全部继承下来，得到了发扬和传播。

（本文选自《河北美术》1962 年第 5 期）

竹石三雀图

回忆我的老师汪慎生先生

说起老师的画来，那真是出类拔萃的。当时（20 世纪 40 年代前后）北京画坛中画小写意花鸟画的王与汪并称。“王”是雪涛先生，“汪”就是我的老师慎生先生。无论是在高雅商店的迎门墙壁上，也无论是在一些富裕家庭的客厅里，几乎都有老师的花鸟画。在画商集中的琉璃厂的画店里，老师的花鸟画是当时的抢手货。那时人们习惯挂四条屏，在花鸟四条屏中最多见的便是齐白石、陈半丁、王雪涛和汪慎生每人一幅的四人合屏。在我的记忆里，老师画的紫牡丹是人们争购的题材，其他八哥、燕子、鸡、鸭、灰喜鹊、喜鹊以及各种小鸟、杂花他都很擅长。老师的画路很宽，通常人们只以小写意花鸟画家目之，其实老师的工笔花鸟同样有着深厚的功力，例如全国第一届国画展览中展出的《黄鹂翠柳》就是一幅水平很高的工笔画。至于老师的山水画，画得苍厚朴拙，但不经常画，所以外间很鲜见，这也是人们只顾称赞他的花鸟画的缘故。老师的书法，似乎受明人影响，既有文徵明的端严平正，也有陈白阳的险绝恣放，于平正中寓险绝，自是一路。偶作题画诗，也清新可喜。老师的画风可以说是雅俗共赏的，既为广大群众所喜见，也为知识阶层所欣赏。现在有些人把雅俗共赏视为艺术中的“低档货”，认为只有“和寡”的曲才高，这种看法，固有一面之理，但很不全面。曲高固然和寡，可是反过来和寡的也未必全是曲高的。试问雅俗共赏与低档艺术是同义语吗？雅俗共赏的艺术既然“雅者”能欣赏，那怎么可以把它笼统地说成是低档呢？汪老师的绘画艺术就充分证明了雅与俗可以共赏，雅俗共赏的艺术也可以是高档的。

汪老师对自己的成就从不自我标榜，只是默默地劳动着，执着地追求着，人誉不喜、人毁

孙其峰恩师汪慎生

不怒。正因为这样，他是一位有真实本领、高超技艺但未能享受到相应知名度的画家。毕竟历史是公平的、唯物的，高明的艺术，历史总不会湮没掉它。张大千在1936年与徐悲鸿大师谈话中，曾说他自己的花鸟画不如汪慎生。大千先生对汪老师的评价绝非客气，而是实话。

汪老师的画师古而不泥古，宋人的严谨、明人的松动、南田的秀润、新罗的朴拙……都融会在他的笔底。汪老师也很注意“师造化”，他师造化而不拘守自然形态，能把自然的活本通过自发心源去升华提高。这在当时临古之风盛行的北平画界中，尤为难能可贵。我是汪老师众多学生中的一个，说确切些，应算是“野学生”（即不是在学校所教的学生），因为我上国立北平艺专时汪老师已不在那里教书了。大约是1946年，通过吴镜汀老师的一封介绍信，我便成为汪老师的入室弟子了。我入汪老师这样一位大师之门，既未请客，又未登报，也没举行什么隆重的拜师仪式。记得老师看了镜汀老师的介绍信之后，又看了看我的作品，便欣然答应了我的要求。汪老师从未收我这个穷学生一分钱的学费，他无私地教了我整整有三个年头的花鸟画。在花鸟画上，我今天能够取得点滴的成绩，如果没有当时这一幸运的机遇——遇到了汪老师这样一位大画家、好老师，那真是无法实现的。

老师为人平易和善、朴素天真，连一点大画家的架子都没有。就说他的居住条件吧，房子是北京式不太规矩的小院落，他住在正房，室内除画案外，唯有壁上画和架上书而已。院内更是朴简，在我今天的印象中只有窗外作为他写生活本的丝瓜、扁豆和墙根的花草。可来往的客人都是画家学者，真如刘禹锡说的“谈笑有鸿儒，往来无白丁”一样。老师的时间，除了去外面各大学教课，大部分用在作画、作诗和接待学生、客人上。现在我找到了老师为什么不大力经营居住条件和讲究衣着打扮的原因，那就是老师心中想的只是治艺，实在无力顾及其他了。这一点，老师对我进行的是无言之教，我也确实终生信守着老师的这一无言之教。1957年，老师蒙受冤屈之后，还是一如既往执着地追求着自己的艺术事业。那时画不能卖了，生活当然是艰苦的，可汪老师若无其事似的画着自己的画而不改其乐，更显出了一个艺术大匠的超人品格。

（本文选自《中国近现代名家画集·汪慎生》）

山水写生

山水写生

年年有余

潘天寿的《云台东望》与《鸡石》

《云台东望》是一幅小品，但它给人的感觉不小，颇有“咫尺千里”之势。在这里，人们看到了长城的那种蜿蜒起伏、连绵不断的雄姿和八达岭一带的那些长岭巨嶂。这种强烈的真实感，给了人们以突出的印象。从笔墨看，似乎可以看到被消化和溶解了的石涛笔法，也似乎可以找到汉石刻或宋人缂丝的意趣。潘老的这一山水小品，也和他的许多山水画一样，都以勾点为主，以染为辅，很少用或根本不用皴擦。《云台东望》的苔点，在运用上，也颇不落陈套。苔，在山水画里是重要的表现手法的一个方面，由于它概括了各种远、近距离上不同的物象，因此，人们把它当作一个概念来解释时，往往不能具体指出它是一种什么东西——树或是草，但在画面上它却又要“言之有物”地表现出各种具体的东西。由于在理论上把“苔”解释得不够明确，或者说得过于玄虚，也由于画家脱离生活（这里指直接到大自然中写生），片面地重视临摹，苔，这一古代大师们发现了和恰当运用了的表现方法，在后来的某些山水画家的笔下，逐渐失去了它在表现上的作用，变成了较固定的符号。但潘老的那些带有强烈个人风格的墨气淋漓、笔意圆浑的湿笔苔点都是很出色的。我们说它出色，并不单单是由于它的与众不同的风格，而更主要的是由于它恰当而确切地表现了画家在不同距离上所感觉到的某些物象。《云台东望》中的半堵短墙上的一组密重的圆苔，生动地表现出了攀附在这个建筑物上的蔓生植物（俗谓“爬墙虎”）；用同一笔法处理的近处坡地上的苔点，却又使人联想到顽强地生长在北方道旁、房

孙其峰与弟子霍春阳等人合影

屋边的那些蒲公英或车前子一类杂草；远处山岭上的细小而有力的点子，确切地表现出了那些密密麻麻的矮松和灌木。从这里我们想到一个问题——传统笔墨的运用问题：只知套用传统表现方法，固然无法创新，即便深刻理解了传统笔墨的一套表现规律，而不去深入生活，不去在表现生活中灵活运用传统表现方法，也仍然会无济于事。如果有人问为什么潘老的山水画既有传统又有新意，原因当然很多，我想把传统技术与当前的生活结合起来的活用传统的精神，应是一个重要原因。

《鸡石》是指头画。潘老的指头画与他的毛笔画，虽然在风格上大体没有什么两样，但是“爪痕”（指头画也称“指痕”）与“笔意”也有其不同处，指头画的勾线与点染，显得更拙厚、有趣，有它自己的独特效果，正如潘老题指头画所说“别有特致”，这大概是指头画得以流传的原因吧。潘老的写意花鸟画的主要特点，就是艺术效果很强烈。也从具有这一特点的《鸡石》来分析，原因好像不外这样几点，首先是它那大量使用浓重的焦墨与某些淡墨部分形成的对比效果。其次从用笔上看，就是他那艰涩的笔道与多样的用笔（还有用指），例如《鸡石》中的鸡用涂（或说是接近涂的画法）、石用勾、苔用点、竹用写、草用撇……在色彩处理上潘老也喜

松鼠图

欢采用较强烈的对比手法，要么就用水墨与浅绛映衬，要么就用少量的重彩（如石青填竹叶、浓红点花等）来与浓重的墨色和淡淡的赭石（或淡青）对比，这种用色的方法，体现了画家大胆的破格立新精神。另外，潘老的鸟兽造型的那种朴拙、浑厚的格调，源出汉石刻、砖刻，充分体现了“一任自然”和“大圭不雕”的美学要求。朴拙、浑厚是和小巧、纤丽大相异趣的一种传统美学上的格调，并且是为历来画家特别是文人画家所推崇的一种格调，潘老继承了这个传统而有创造，朴拙、浑厚的格调，给人的印象单纯突出，因此，这一点也是形成强烈艺术效果的一个方面。潘老的画，如果说在造型上以朴拙、浑厚见长，那么在构图上就以“奇险”出色。《鸡石》的构图形式，是潘老喜欢用的构图格式之一，茂密而不充塞，险绝而不狂怪。

从潘老的艺术成就看，无论是从立意、造型、构图、设色、用笔、用墨哪方面看，都有“发前人所未发”的地方。艺术贵在创新，继承传统而能有所发展，这正是潘老艺术的可贵处。本来，在大写意花鸟山水画艺坛上，已经出现过石涛、八大山人、扬州八怪、赵之谦、吴昌硕、陈师曾、齐白石等许多大家，在这些大家之后，再开出个新点子，确是不容易的事情，潘老正是在这种情况下取得了自己的卓越成就，形成了独创的风格。

最后必须指出一点，那就是潘老也和历史上其他有素养的文人画家一样，有着诗、文、书法、金石等各方面的修养，这些修养也是潘老卓越绘画成就的一个有机构成部分。

（本文选自《河北美术》1963年第2期）

在花鸟画座谈会上发言

我谈谈花鸟画的发展问题。

我国的花鸟画一直是在发展着的。这个发展过程，大致是从工笔到写意（也叫意笔）。有了写意的花鸟画，工笔花鸟画也并未废止，同样是在发展着。这就从原来的一轨工笔的，变成了双轨工笔和写意的。工笔花鸟画的成熟大约在唐末、五代，或者是稍后一点的北宋。写意花鸟画的成熟大约在明朝。从工笔到写意，是一个过程。宋代的牧溪和尚，以及苏东坡（墨竹）都是写意花鸟画的先驱者。其后明朝的林良、吕纪、汪海云、陈白阳、徐天池、孙隆、周之冕等人都是写意花鸟画的主要画家，尤其陈白阳、徐天池，给予后代很大影响。到了明末清初的石涛、八大山人，以及清中期的扬州画派，把写意花鸟画推到了一个新阶段。接着赵之谦、任伯年、吴昌硕、齐白石、陈师曾、潘天寿等人，形成了写意花鸟画的新高峰。在写意花鸟画发展的同时，工笔花鸟画也在沿着自己的道路发展着。元朝的工笔花鸟画，似乎比五代、两宋略为粗放一些。到了明朝的吕纪虽然也是上追五代、两宋，但已经有了明显的明朝风格特色，初看起来虽然也有前人规模，但在表现方法上混入了“写意”的成分。这是“削繁成简”“以少当多”，是花鸟画的一个进步。清代的恽南田修养很高，他虽然仅仅活了 50 多岁，但在没骨点染的花卉方面，却做了很大的发展；他虽然用没骨点染法，但强调“见笔”，因此他的画“细而不腻”，自成一派。他的画风影响，至今不衰。在工笔画发展过程当中，也有一个小插曲，这就是清朝郎世宁画派的出现。

孙其峰与阎丽川、李家旭参观画展

郎世宁虽然有那么硬的后台——皇帝的支持，但由于人民不喜爱，所以他这个画派很快就夭折了。以上情况足可以证明，一个画派的发展，一个画种的延续，都离不开人民的鉴定与批准。

以上所谈的花鸟画的发展，都在自然状态中进行着，其中虽然也有像宋徽宗那样有力人物的意志与爱好的干预（也算封建社会的一种文艺政策），但历史还是按自己的规律来发展，并不以某个人的意志为转移。尽管宋徽宗一味喜欢工整艳丽、法度严谨的工细风格，但他终于没能遏制住以苏东坡为代表的文人写意画派的兴起与发展。

新中国成立后，花鸟画处在自然状态中发展的历史也宣告结束，我们今天迎来了花鸟画发展新的篇章。像我们今天在这里开会，研究花鸟画的发展问题，就说明这样一个事实，即花鸟画的发展已经变成了自觉的、有意识、有领导的了。我感到讨论花鸟画的发展应该提到日程上来了。过去，一直未能很好地讨论这一课题，尤其在“四人帮”时期，花鸟画遭到很大程度的摧残。打倒“四人帮”后的几年，花鸟画有了很大的发展与提高，学画花鸟画的人也多了。有些人责难这一点，其实大可不必。十几亿人的大国，有点画花鸟画的人有什么不好，而这些人大部分是业余的。

春江水暖

人家业外有余（精力与时间），为什么不可画画花鸟画呢，更何况这其中生长着未来的花鸟画家的苗子呢。我感到值得关心的倒有几点，谈出来与同志们商量。首先是正确对待继承传统与吸收外来营养问题。绘画本身是民族的，所以它的发展离不开继承传统。绘画又是相互交流的，所以它的发展不应也不可能排斥外来的影响（这里指好影响）。要继承传统，必须先明确什么是传统，从哪些方面去继承传统。传统是对非中国民族传统即外来影响而言的。传统也有广义与狭义两方面，这里着重说花鸟画狭义的传统。花鸟画的传统既存在于“法”（画法）之中，也存在于“理”（画理）之中，提高一点来说，也存在于创作思想与传统美学之中。

画法中的笔墨、造型、构图、色彩……都有强烈的民族色彩，在这些方面中都存在着民族绘画的传统。特别应该重点提出的就是“笔墨”问题。“笔墨”是民族绘画传统中的一个至关重要的问题。花鸟画特别是写意的花鸟画，在笔墨的发展与提高上，是做了重要而出色的贡献的。值得注意的是，目前有许多人对笔墨的重要性估计不足，甚至做了错误的解释，例如，有人把“笔墨”的意义只局限在造型手段方面，而忽视“笔墨”作为一种形式的相对独立的一面。谁要一接触到“笔墨”的相对独立性，谁就被认为是“玩弄”笔墨的“形式主义”者。在花鸟画的教学与学习中，也有忽视笔墨的倾向。例如，认为有了熟练的造型能力，就会自然而然地派生出“笔墨”来。试问只通过长期的素描与急就的速写，而不通过其他方式尤其是临摹，能够彻底解决笔墨问题吗？在画理问题上我只想谈一个有关传统的问题，那就是“画理”与“物理”的关系问题。物理

石雀图

无非是自然科学，诸如透视、生理、光、色等。中国画对待这些自然科学的关系是“若即若离”“有分有合”的。原则是，当这些自然科学有助于主题的刻画与形式美的表达，就运用它；当这些自然科学妨碍或无助于主题的刻画与形式美的表达，就不用它。就拿透视而论，一些小幅花鸟画（折枝、特写之类）就用焦点透视，那些一个视域不能包容的全景式的大构图，就用散点透视（实际上散点也不是透视），甚至用斜投影（建筑图的一种画法，是山水画中画建筑用的主要手法）。有人从物理角度上责难宋徽宗《瑞鹤图》中的飞鹤的鹤颈不合鹤的生理构造，其实这种责难本身是不合理的，因为要艺术无条件服从物理是错误的。艺术就是艺术，它不是自然科学。艺术只能用艺术的尺子衡量，不能用自然科学的尺子去衡量。否则猪八戒是什么品种？恐怕谁也答不出来。当然猪八戒确与猪有关，但也仅仅是有关而已。在国画创作思想中“写意”是重要的传统特色之一。写意（创作方法上的“写意”包括工笔画在内）是与“写实”相对的概念。这里所谓“意”虽是“主观”的，但这个主观不是唯心的那个主观，而是正确反映客观的主观，这就是传统画论中提出的“外师造化”与“中发心源”的结合。所谓“写意”，就意味着不是片面地“外师造化”，而是敢于做自然的主人，操“取舍”“夸饰”之大权，在自然面前敢于表态。作为写意花鸟画（意笔）极端的代表——大写意花鸟画的“不似而似”“遗形取神”“离象而求”“得之象外”“物外求似”“牝牡骊黄之外”等说法都是“写意”这个课

1990 年孙其峰为“残疾人基金会书画义卖”活动创作书法作品

题很好的注解。我认为写意花鸟画可以概括为十六个字“不求形似，不离形似，貌离神合，似非而是”。

“写意”这一传统，绝不仅仅是国画专有的，在其他姊妹艺术中，也不乏旁例。例如在京剧（还有许多地方戏）表演艺术中，骑马没有马、摇船没有船、开门不设门、挂画不拿画……这些无一不是“写意”。正因为敢于摆脱自然状态（实）的束缚，敢于“写意”，这才使京剧艺术升华到自己特有的高度上去。正是因为没有“马”、没有“船”……这才有了“戏”；如果有了“马”、有了“船”……也就没有“戏”了。谁如果片面迷信只有“写实”才是艺术，那只有越写越实，充其量也不过“下真迹（自然）一等”罢了。“写意”在书法艺术里，表现得更为突出，如果说“大写意”花鸟画是“遗形取神”的话，那么书法艺术就算是“得意忘形”了。遗形取神，实际上还未敢“忘形”。就是连最讲“似与不似之间”的齐白石，也未能完全忘形，表现对象也还有似的一面。书法艺术就不然了，就成了纯粹的、百分之百的“写意”了。所谓“惊蛇入草”也好，“飞鸟出林”也好，乃至鸾舞凤翔、奔雷坠石等，在书法作品里，再也找不到蛇、鸟、鸾、凤、雷、石……的实形了，我们能看到的只是这些东西的“意”。什么“意”？这就是蛇的“惊”、鸟的“飞”、鸾的“舞”、凤的“翔”……从某种意义上讲，这就是抽象派，是中国传统艺术中的“抽象派”。在这里虽然抽掉了“象”，但它保留了“象”的“意”，甚至可以说突出了“意”。正因为有这个来自“象”的“意”，所以书法艺术虽然是彻底的抽象派，但也还不是纯形式主义的东西。

下面试谈一下有关国画的美学传统问题。我们只要稍微留意一下，就会在花鸟画（其他人物、山水也一样）的造型、构图、用笔、用墨各方面，发现一个共同的东西，诸如造型上巧拙、朴华、繁简、松紧……构图上的宾主、虚实、开合、争让、向背、纵横……用笔上的徐疾、轻重、转折、提按、刚柔、方圆、正偏（锋）、藏露……用墨上的浓淡、干湿等，无一不是“相反相成”的对立统一的关系，“相反相成”就是“矛盾统一”，也就是辩证法。在这里不妨将其看成是我们美学传统。我们学习和继承传统，不要忘掉了这些宝贵的美学遗产。

总之，我们必须重视传统，割断了传统或者置传统于不顾而去另起炉灶的做法是危险的。发展是要在传统的基础上前进。这是跑接力赛。忽视传统，这是目前值得注意的一个倾向。

吸收外来营养是好的。但目前在这个方面是存在一些值得注意的问题的。例如，与素描的关系上就有些值得商榷的问题。素描给油画打基础是“顺水推舟”的自然趋势，但拿它来给国画打基础固然也可“推舟”，但不是那么太“顺水”，其中有些矛盾需要调整。现在我只举出一个例子，以见一斑。比如画一朵多瓣菊花，素描强调大的体面、明暗诸关系，强调画家在一定照明与距离上所见到形象的感觉，而花鸟画虽然也离不开感觉，但它表现这个感觉是通过结构来完成的。因此如何使素描更好地为我们运用，还有待认真研究。默写，这一传统造型训练方法，也在逐渐被人（特别是年轻初学的同志）所废弃。由于对这种传统“强记”的方法的废弃，我们很多年轻同志只能对着画不能背着画，只能“照样”画，不能“变”着画，只能画“静”的，不能画“动”的。这不是我们的传统。有名的《韩熙载夜宴图》各形象就是画家背着画的。我想这种记忆形象与默写能力，一个好的外国画家，也会有的，为什么我们反而丢掉了呢？丢掉了默写传统的后果，现在已经可以明显看到了。只要你到图书书架上看一下那些白描画谱，你就可以发现，花卉的占绝大多数，动物的就很少了。即便有些鸟谱，也大半是从别的画册、画页上转描的，而花卉画谱却都是直接对着画的写生稿。问题是很清楚的：我们在失掉我们的默写传统。但目前大家司空见惯，不认为这是问题了。记得“文革”前蔡若虹同志曾严重地提出这个默写问题，但至今情况也未好转。今天我们有必要再强调一下了。我并不反对素描，而且我也画过素描，这里我只是说，我们在运用素描丰富我们民族绘画这个方面，还存在有待解决的问题。

其次，我想谈谈目前在推陈出新中出现的一些问题。我认为既要人家“出新”，就不要怕出现一些野、怪作品。是野是怪要让群众评定。“扬州八怪”当年就是被称为“怪”的，现在也不怪了，被肯定了。若是真的怪（不好的），人民会把它淘汰了。另外，对有人在探求新风格方面采用了一些新技术新工具，例如瓜络啦、电烙子啦等，就曰之为“左道旁门”，这是不应该的。工具与方法就是在不断变化的。第一个人用毛笔作画也是一种改变嘛，其后绢改成熟纸、生纸，也是变嘛。不能忽视工具改革与新风格是有一定关系的，元人（如王蒙、黄公望、倪瓒）的山水画与改绢为生纸是有很大关系的。新工具新方法画出了好效果，人们就会予以承认。高其佩开始用指代笔作画，画得好，群众就承认了，从此就有了一个指头画派。其后有人用舌头作画，虽也名盛一时（其实人们是当杂技看），但很快就“身谢道衰”了。因为舌头画不出什么好画，所以它被人民所淘汰了。我们应相信群众，既要放手让那些探索者多方面探索，也要相信广大群众的鉴别能力。还有，花鸟画的理论研究也是很不够的。从古典画论来看也是这个样子。古典画论大多是山水论，花鸟画的专论很少，除了邹一桂的《小山画谱》，成本大套的就不多了。新中国成立后由于花鸟画在相当长的一段时间里不受重视，除了一些普及的小册，专论也不多，现在应该重视这个问题了。

最后，我想谈谈关于培养接班人的问题。目前各美术院校花鸟画不设系（也不可能）也不设科，偶尔培养几个人作为师资，也不是经常的。因而大量花鸟画的接班人，还是“野生”的（即业余的）。因此老一代的花鸟画家要大力培养那些业余的新生力量。十年动乱，已经使得花鸟画这个专业队伍缺了一段（50岁上下的画家很少）。这样，我们年老一代的接力棒就要“越级”地交给年青一代。在对青年一代的教学中，要打开自己的艺术大门，把他们迎进来，到了适当时候，还要把他们送出去，而且告诉他们下一步投奔何方。那种只把学生迎进来，不管送出去是不好的。至于把学生迎进大门，又关上了大门的做法，就更不好了。拉杂地谈了这一些，错误之处希望同志们指正。

（本文选自《中国画研究》创刊号1981年）

万里一击

古树松鼠

灵猿图

玉兰花开

山水鸳鸯

竹雀图

人民美术家·孙其峰

艺术年表

YISHU NIANBIAO

孙其峰艺术年表

1920 年（庚申） 1 岁

3 月 10 日（农历正月二十），生于山东省招远县石对头村。祖父、父亲皆好书法，称誉乡里，遂有无言之教。母亲孙王氏勤勉持家，知书达理，相夫教子，乐善好施，颇受乡邻敬重。

1924 年（甲子） 5 岁

随祖父认字诵诗，开始练毛笔字。常听父母讲舅父王友石刻苦学习书画的故事，常看家中厅堂张挂的王友石书画，对舅父产生仰慕之情。王友石生于招远县袁家村，号罗峰山人，系北京画院著名书画家。其三叔从北京大学理学院毕业后任工程师，每逢年节回乡省亲，对其多有指导和鼓励。

1926 年（丙寅） 7 岁

入石对头村小学读书。祖父孙好宾任校长，教师有孙竹铭、乐铭山等人，开始临写颜真卿、赵孟頫字帖。

1928 年（戊辰） 9 岁

郝果轩任教。郝善写何绍基的行草，每当年节，常带领他帮村民写春联，他遂对书法产生浓厚兴趣。

孙其峰之父孙宗岳

1930 年（庚午） 11 岁

吴金章（永轩）、王绍南任教。表兄王赓先系舅父王友石之侄，写行草，兼及隶书，常鼓励他学习书画。是年随母亲赴姥姥家（招远县大秦家镇袁家村）省亲，看到舅舅王友石少年时代的书房。尤其对姥姥家张挂的王友石画的月季欣赏不已，至今留有深刻印象。

1931 年（辛未） 12 岁

石对头村位于招远县城北十里，在孤山脚下，其东边有季山。是年春日游季山，作《游季山庙记》一文，受到祖父和亲友好评。继续跟郝果轩、尹方舟学书。在双方父母包办下，与邻村（原疃村）表姐杨锦屏女士订婚。

孙其峰之母孙王氏

1932 年（壬申） 13 岁

高文亭（会云）任教。高喜作山水画，不仅指导其临摹《芥子园画谱》中的山水稿，还经常讲一些明清画史常识或明清画家故事，给孙其峰种下了学画根苗。是年在招远县庙会买到一套《古今名人画稿》，视若珍宝，时常临写，所画作品多被同学索去，自此始以画名闻于校内。

舅父王友石夫妇

1934 年（甲戌） 15 岁

温子惠、王宾、王惟一任教。温擅长数学，为其打下升学基础。是年在招远县裕罗商店购得一本《醉墨轩画谱》，又多了一部临摹画稿，学画情致日浓。

1935 年（乙亥） 16 岁

夏日，考入招远中学，莱阳人徐人众教美术课。徐是李苦禅的弟子，擅画齐派写意花鸟，兼擅书法和治印，住室书画满墙，对学生热情鼓励，循循善诱，使孙其峰萌生了当一名书画家的理想。

1937 年（丁丑） 18 岁

春日，招远中学调入陆玉玲任美术课教师，她是北京国画名家陈缘督的学生，擅工笔人物画。

秋天，换来一位姓王的女教师，她是北京花鸟画名家王雪涛的学生。王先生为喜欢画画的学生组织了一个美术小组，孙其峰与曹凤书等同学有机会在课余时间向王先生学花鸟画，这使其步入花鸟画之门。

1938 年（戊寅） 19 岁

秋日，从招远中学毕业。赴竹林寺小学任教。冬日，在招远县民众日报社当誊写员。

12 月 4 日（农历十月十三）与杨锦屏结婚。创作《万年青》《三水》等国画作品。是年教学作画之余，开始学拉京胡。

1939 年（己卯） 20 岁

2 月，日寇侵占招远县城。全家赴唐家村避难，后转住李村。是年在家照料病重的祖父与父亲。

冬日，祖父病逝。

1940 年（庚辰） 21 岁

秋日，赴兰庄矿当会计。冬天，回前孙家小学教书。年底日寇强占小学校舍，学校被迫解散。国破家难，衣食陷于困境。

1941 年（辛巳） 22 岁

1 月末，生长子长康。

3 月，只身赴北京投奔舅父王友石。舅家孩子多，生活本不宽裕，只好介绍其入东珠市口“正源兴”丝绸批发门市部学徒。孙其峰在扫地、送货、站柜台等杂役之余，自修文史书画课程。利用休假常去看画展，到故宫买些书画出版物。夜晚燃烛，用废弃的包装纸写字练画，挥写不倦。积极备考国立北平艺专。在舅父、舅母的鼓励与帮助下，步步向理想目标靠近。

孙其峰恩师徐悲鸿

孙其峰恩师黄宾虹

1942 年（壬午） 23 岁

在“正源兴”学徒，有了经济来源。在店友赫博学、李善夫、仲伟民等人的帮助下，练习书画时间增多。为“正源兴”店搞些应酬书画，画了许多扇面。常到舅父王友石处学习画。

是年岳父病故。

1943 年（癸未） 24 岁

夏日，回招远省亲，作画数十幅。

秋天，在龙口举办个人画展。返京后仍在“正源兴”学徒，继续做报考艺专的准备。

1944 年（甲申） 25 岁

春天，辞去“正源兴”店员工作。

5 月，与同学曹风书带着舅父王友石及自己创作的画赴烟台开书画展销会。

6 月，生女儿智谱。

秋季，考入国立北平艺专，校长是王石之。周怀民教山水，朱德甫教花鸟，日籍教授伊东哲教花果写生。

1945 年（乙酉） 26 岁

春天，黄君士任国立北平艺专校长。

夏季，邓以蛰任班主任。胡佩衡、吴镜汀教山水画，临写沈周山水卷。校外从汪慎生、溥松窗等人学花鸟画。平日刻苦临摹陈白阳、周之冕的作品。同时随金禹民学书法篆刻。

1946 年（丙戌） 27 岁

秋天，徐悲鸿任校长。聘任朱光潜讲授文艺心理学。徐悲鸿注重户外写生和速写能力的提高，孙其峰曾画骏马、梅花鹿及松柏等题材，徐校长亲笔修改指教，并鼓励他攻习魏碑。临写《温泉铭》《汝南公主墓志铭》等。徐先生注重写实造型和关注社会现实的独特见解使其深受影响和启发。

同时授课教授有黄宾虹、寿石工、秦仲文、李智超、罗复堪、陈缘督、李可染、李苦禅等人。黄宾虹的渊博学识和注重笔墨气韵的书画主张使其受益至今。校外坚持向汪慎生、溥松窗、金禹民等高师求教。

1947年（丁亥） 28岁

春季，参加北京反饥饿、求民主“五·二〇”游行，接受革命进步思想，与艺专“三青团”势力斗争，在王友石引导下，加入中国共产党（地下组织）。与同学刘蔚在中山公园举办画展，徐悲鸿校长亲赴现场祝贺，并题“一时瑜亮”四字以资鼓励。

秋天，赴天津与舅父王友石在中原公司举办画展。

冬天，接夫人杨锦屏及子女来京竹竿巷定居。经舅父王友石介绍，毕业后在北京山东中学等学校当兼课教员，暇日坚持作画。

1948年（戊子） 29岁

生活极度困难，移居莲花池。先后在北京市区山东中学、盛新女中、河北高中、培德中学等校兼课。

10月，生子仲康。

1949年（己丑） 30岁

寄居王友石家里。

夏天，调入河北高中任美术教师。学生有王蒙、李树声、温超藩等，皆酷爱文艺，勤奋上进。是年移居东皇城根。

1950年（庚寅） 31岁

学校改为河北师范专科学校。出版《美术字简易写法》一书。参编中等师范学校美术教材《美工教材》等。

1951年（辛卯） 32岁

除教美术课外，还兼做学校行政任务，工作繁忙，只能抽暇画速写。

7月，生子季康。

孙其峰参编的《美工教材》

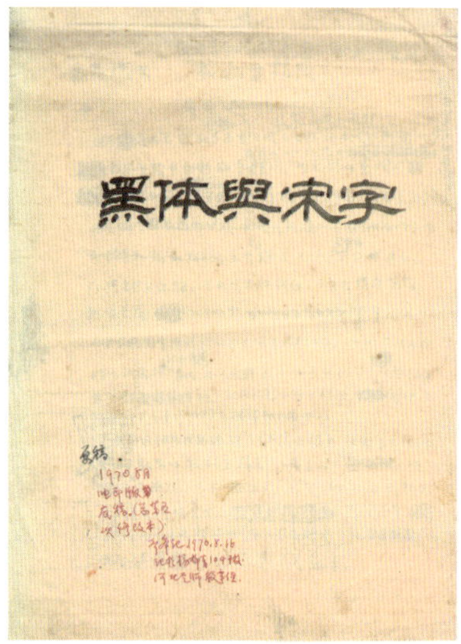

孙其峰美术字讲义原稿

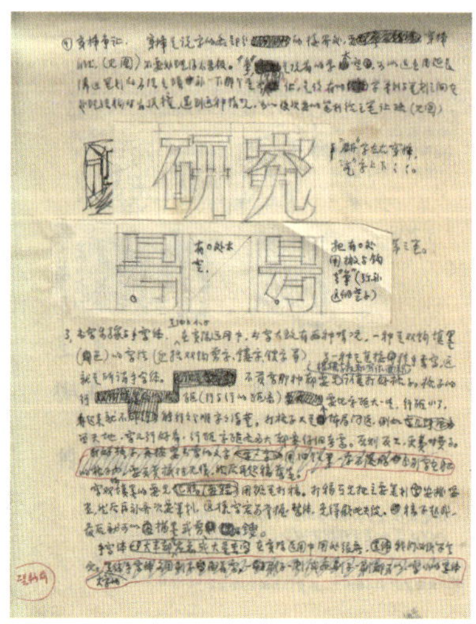

孙其峰美术字讲义原稿摘录

雪压枝头

1952 年（壬辰） 33 岁

9 月，调天津河北师范学院美术系任教，担任艺术概论、美术史等课程，兼任办公室秘书。受当年苏联主题性现实绘画影响，一度与沈毅等人画素描，并尝试人物画创作。

1955 年（乙未） 36 岁

天津国画研究会成立，有了与天津本地书画家学习和研讨的机缘，自此常去向刘奎龄、刘子久等津门名家求教。

是年赴上海、杭州、宁波等地画了许多速写，写了许多笔记。

1956 年（丙申） 37 岁

加入天津美术家协会。与刘子久合画《春江水暖》，参加第二届全国美展，并在《人民日报》上发表。开始教花鸟画课。赴上海、南京、杭州等地参观考察，画了许多速写，写了多篇笔记。

9 月，推荐花鸟名家张其翼调入学校任教。

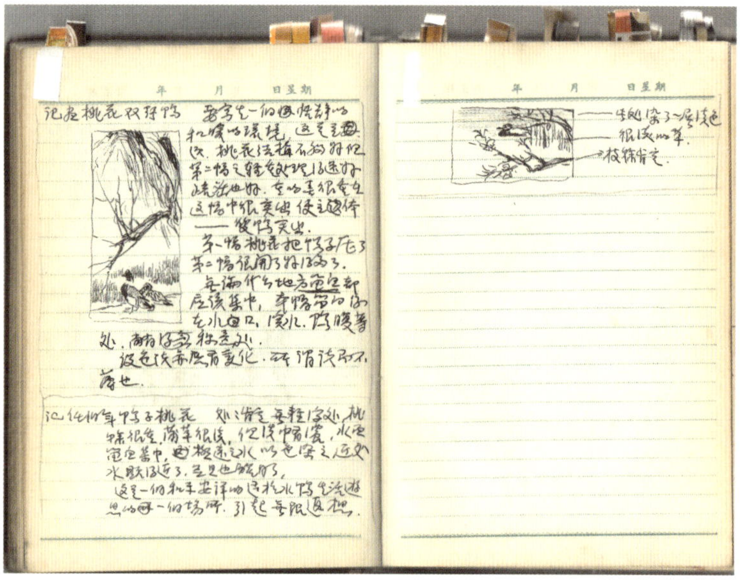

孙其峰手稿

孙其峰参编的《农村美术手册》

1957 年（丁酉） 38 岁

天津人民美术出版社出版其中国画《玉兰》。参编中等师范学校美术普及读物《农村美术手册》等。

1958 年（戊戌） 39 岁

学院改称河北艺术学院，任绘画系副主任。

秋天，为北京人民大会堂布置河北厅，并创作巨幅中国画《竹林白孔雀》。

9 月，推荐山水名家刘君礼调入学院任教。建议李家旭、焦俊华等应届毕业生留校任教。

焦俊华接任孙其峰透视、美术字等课程。

1959 年（己亥） 40 岁

学院易名为河北美术学院。兼任山水画课程，带学生赴昌黎等地写生。创作《海河颂》（合作）参加河北美术展览。在《中国画》《美术》等刊物上发表多篇文章。为加强中国画教学队伍，是年引荐陆志青、段履青、梁邦楚、溥佐、李鹤筹、凌成竹等国画名家调入学院任教。同时聘请京津名家秦仲文、溥松窗、吴镜汀、吴光宇、陈缘督、刘凌沧、李苦禅、蒋兆和、叶浅予、李斛、王颂余、李昆璞、陈麟祥等人到学院兼课或讲座。

春上枝头

古树灵猴

1960 年（庚子） 41 岁

1 月，与王颂余、孙克纲、王学仲等赴北戴河、白洋淀、长城等处写生。

4 月至 6 月，编写《花鸟画讲义》。

5 月，引荐李智超、朱欣根等国画名家调入学院任教。

8 月，与刘君礼赴白洋淀写生。

10 月，赴北京为人民大会堂设计玉兰与藤萝的木雕屏风画。

是年推荐杨德树等应届毕业生留校任教。

1961 年（辛丑） 42 岁

4 月，与李智超、王颂余赴山海关写生并创作巨幅山水《山海关览胜图》。与张其翼、萧朗、溥佐等人为河北美术出版社绘《花鸟画范》。

7 月，赴北戴河写生，创作《双白鹭》。

7 月、8 月、9 月，与王颂余合撰国画技法文章，连续在《河北美术》上发表。

10 月，与张其翼、刘君礼赴白洋淀写生。

是年建议张世范、边秉贵留校任教，并送其至浙江美院罗马尼亚专家班培训两年。同时建议郎绍君、郑庆衡、周茂生、贺建国、孙廷卓等应届毕业生留校任教，经系、院两级领导班子讨论批准。继续阅读并研究古典文论及书画理论著作。自此经常被邀到市区文化宫、文化馆、少年宫为工人或学生讲课。是年邀请溥松窗、蒋兆和、白寿章、蔡鹤洲、宁斧成等书画名家到学院讲座或兼课。

1962 年（壬寅） 43 岁

学院改名为河北艺术师院，任讲师。加入中国美术家协会。

2 月，与溥佐、萧朗赴唐山市美协交流书画。

4 月，与张坚如等人赴官厅水库、张家口写生。

5 月至 6 月中旬与萧朗等人赴桂林、湛江、广州等地写生，并巧遇李可染、张映雪等先生。

7月，与刘君礼赴白洋淀写生。

8月，赴北戴河参观李可染画展。建议应届毕业生白庚延、吕云所、陈冬至、辛鹤江等四人留校任教并获院系领导研究通过。并为杨德树、马翰章、白庚延、吕云所、陈冬至等留校教师指定由刘凌沧、吴光宇、王颂余、刘君礼、李鹤筹等导师进行“一对一”培养。

是年创作国画近百幅，篆刻印章数十方。在《河北画报》上发表技法文章和画家评介文章多篇，与王颂余合撰并发表文章多篇。曾与王颂余合编字帖。继续研究古典书画理论。

1963年（癸卯） 44岁

为李骆公篆刻展览撰写评介文章。在《河北美术》等刊物上发表技法文章多篇。创作花鸟画数百幅。

是年引荐萧朗调入学院中国画教研室任教。同时聘请京津国画名家溥雪斋、秦仲文、孙克纲、张德育等人到院讲座。

1964年（甲辰） 45岁

带领学生赴蟠桃峪写生创作，创作花鸟画、山水画多幅。继续在《河北美术》上发表文章。

是年王友石病故。参编中国教育中专二年制美术教材编绘工作，负责八讲。

1966年（丙午） 47岁

“文化大革命”一开始，受到冲击，被关入“牛棚”，家中所存画稿、笔记、画册、书籍均被抄走。在“牛棚”中曾为“棚友”刘绍英等人刻过图章。

是年尾，一度被扣发工资。

1967年（丁未） 48岁

春天，被“造反派”调入院木工房劳动。

冬天，转入学院西大楼“文革牛棚”，曾为“棚友”阎丽川刻过印章。

1968年（戊申） 49岁

被迫在“牛棚”写“交代材料”。

6月，被分配到西大楼顶铺沙子。

秋末，“棚友”张其翼遭打致死。

冬天，与萧朗、鲁汀等“反动权威”被关入西小院。由于时局变化，12月31日宣布释放，结束了两年多的“牛棚”生活。

花香诱鸟来

1969年（己酉） 50岁

1月至2月，与被审查的老领导张泊生等人进学习班学习。

5月至年底，先后到河北省南滚龙沟、石家庄、焦庄与天津郊区大苏庄劳动锻炼，并在大苏庄过年。

1970年（庚戌） 51岁

学院重新组建，更名“五七艺校”。曾调市教育局、部队搞展览。为市教育局写美术字、编教材。

1971年（辛亥） 52岁

被市委文教部调到八里台搞展览。

6月，去山西太原、平型关等地参观。

9月，赴沈阳参观广场雕塑。

是年青年教师霍春阳正式拜师学习花鸟画。

1972年（壬子） 53岁

带领学生赴蓟县写生。着手编绘《百鸟画谱》。为人民大会堂作画。教霍春阳等人花鸟画。出席市教师代表会。王振德拜师学画。

岸边小景

1973 年（癸丑） 54 岁

学院更名为天津艺术学院，任工艺系主任。赴密云水库等地写生。所绘《孔雀画谱》问世。开始画《百鸟画谱》第二册。赴天津自然博物馆画禽鸟写生 10 余日，得稿 50 余幅。

1974 年（甲寅） 55 岁

春天，在工艺系开办花鸟画训练班，不及一个月赶上“批林批孔”，被迫将训练班改称漫画班。

5 月至 6 月带毕业班实习，画写生 20 余幅。

7 月，赴内蒙古招生，将呼和浩特市中学教师刘正等人招入学院。途径包头乌拉山，卧病 10 余日。

9 月，始返天津。

12 月，赴湖南长沙参加全国工艺选花会，继赴青岛、烟台考察后返津，画速写 30 余幅。

鸳鸯双栖

1975 年（乙卯） 56 岁

《百鸟画谱》第二册问世。与工艺系教师合作编绘《动物纹样》，由天津人民美术出版社出版。创作花鸟画多幅。

6 月，与霍春阳一起被借调到市里为外宾楼作画，继而为天津艺林阁画扇面。

是年整理玉兰稿 26 幅。

1976 年（丙辰） 57 岁

多次赴唐山瓷厂画瓷。赴山东泰山、菏泽写生，与霍春阳合作的《山花烂漫》画稿初步成型。

7 月 28 日凌晨，唐山大地震，从窗门仓皇跳离，幸免于难。

是年选读《二十四史》等古籍。移居二五四医院望湖楼。

猫

1977 年（丁巳） 58 岁

与工艺系教师赴河北、山西、陕西、四川、广西、广东、

面壁图

山水写生

浙江等地的兄弟院校交换教材、交流教学体会，沿途画写生五十余幅。作品《山花烂漫》（与霍春阳合作）在天津艺术博物馆展出后参加全国美展。应中央美术学院邀请讲授花鸟课。为人民大会堂天津厅作画。参加天津市政协会议和市教师代表大会。编绘《翎毛画参考资料》（合作）。

是年推荐贾宝珉、王振德等人调入学院任教。中央美术学院焦可群拜师学画。

1978 年（戊午） 59 岁

2 月，与霍春阳应邀赴文化部（现为文化和旅游部）中国画创作组作画。

7 月，与贾宝珉应邀为中央工艺美术学院兼课。

10 月，应邀为中央美术学院研究生授课。

11 月，与孙克纲为天津友谊宾馆作画。

是年担任天津国画研究会主席。应河北美术出版社之约，与萧朗、贾宝珉着手编绘《花鸟画百题问答》一书，并共同编绘《牡丹白描稿》。

1979 年（己未） 60 岁

与孙克纲在北京北海画舫斋办“津门二孙画展”。

6 月，担任北京科教电影制片厂《中国花鸟画》一片的顾问。

7 月，携阎秉会赴青岛作画。

8 月，参加中国美术家协会代表大会，当选中国美术家协会理事。

远山人家

11 月，赴河北石家庄讲课，并游黄山、庐山，得写生画稿 30 余幅。

是年天津《迎春花》画刊第一期出版孙其峰专集。《花鸟画谱》由河南人民出版社出版。

1980 年（庚申） 61 岁

天津艺术学院改名为天津美术学院。担任天津美术学院副院长、教授等职。当选为天津美术家协会副主席、天津市第六届政协委员。被聘为天津高教系统学术考评委员会常委。应邀赴四川美术学院、西南师范学院讲授花鸟课，携贾宝珉同行并做辅导。参加全国首届书法展。与王振德合作为《迎春花》《天津日报》等刊报撰写文章多篇。《花鸟画谱》修订本由河南人民出版社出版。其传略入编日本天明堂株式会社出版的《中国现代美术家名鉴》。

是年考入中国艺术研究院硕士班的郎绍君造访，孙其峰建议其主攻现当代中国美术史。

1981 年（辛酉） 62 岁

2 月，携弟子赴湖北襄樊讲学，登武当山。

5 月，赴京参加全国书法家协会成立大会，当选为中国书法家协会理事。同月在北京西郊参加全国学位授予会议。

7月，在北京颐和园藻鉴堂参加全国花鸟画座谈会。

8月，赴湖北襄樊、东北哈尔滨讲学。

10月，参加中国画研究院建院大会，与李可染、黄胄等国画大师同时当选为院部委员。为《中国画研究》创刊号撰写《谈谈花鸟画的发展问题》专论，同时与王振德合作为《迎春花》等刊物撰写文章多篇，天津、四川、江苏、湖北、云南等地电视台播映《孙其峰的花鸟画》专题片。《艺术教育》特聘其弟子王振德以长篇专文介绍孙其峰的艺术与教学。其传略收入上海人民美术出版社《中国美术家人名辞典》。

是年广东国画名家方楚雄、陈永锵等人拜师学画。天津市委《支部生活》专刊介绍孙其峰生平事略。

1982年（壬戌） 63岁

3月，与霍春阳合画的《山花烂漫》参加中国首届赴法国巴黎沙龙美展，与法国画家柯罗风景画并列被印为美展广告和介绍书封面。

4月，赴贵阳参加津黔美术交流展览。

8月，被聘为河北省美术职称评委，赴石家庄河北美术出版社开评委会，暇日指导弟子吴守明画山水画。同月，其草书作品《一苇可航》参加日中书道艺术交流作品展。

10月，与弟子贾宝珉应邀赴南京艺术学院讲学，并与刘海粟、陈大羽等书画名家交流书画见解。

11月，与弟子贾宝珉、霍春阳等人赴安徽滁州、江苏徐州等地进行艺术交流。年底赴山东与马龙青、宋新涛、刘宝纯等六位烟台籍画家联办迎春画展。

是年与王振德合作在《迎春花》《天津日报》等刊报上发表文章多篇。

1983年（癸亥） 64岁

3月，以中国美术家协会代表团副团长身份赴日本参加日本南画展剪彩仪式。同时在奈良、长崎、东京、京都等地进行美术考察。

4月，赴洛阳考察写生。

5月，赴河南郑州参加全国书法家协会研讨会。返津后参加天津市教委职称评委会。

6月，赴北京参加文化部（现为文化和旅游部）召开的学位授予单位专家会议。

7月，与霍春阳在沈阳举办国画联展，随后在山西太原举办个人画展。

9月，当选为天津市第七届政协常委，并赴西安、延安、黄帝陵考察写生。

是年与王振德合作在《美术史论丛刊》《迎春花》等刊物上发表文章。

飞鸟出林

1984年（甲子） 65岁

担任天津美术学院顾问。参加中日书道交流展。参加在香港举办的天津国画展。参加新加坡与中国书法交流展。创作隶书中堂参加全国第二届书法展览。《孙其峰画辑》由人民美术出版社出版。担任中国画硕士研究生导师，招入硕士生刘文生等人。大型精装画集《孙其峰画集》由河北美术出版社出版。

是年陈增胜等人拜师学画。

1985年（乙丑） 66岁

参加第二届中国书法家协会代表大会。参加中国美术家协会代表大会。连任书协理事和美协理事。所著《国画技法》（花鸟部分）由香港商务印书馆出版。《花鸟画构图手稿》由山西人民出版社出版。《花鸟画技法问答》（合作）由河北美术出版社出版。

山间花卉

1986年（丙寅） 67岁

4月，由王书平协助在南京举办个人书画展。

6月，赴沈阳军区为老干部讲画作画。所绘《写意花鸟画谱》由中国文联出版社出版。与王学仲、方济众、赵松涛等人合作绘制《百树谱》《百石谱》，并由天津人民美术出版社出版。故宫博物院《中国著名书法家作品集》专题介绍其书法成就。

睥睨万山

鹿

是年创作扇面画百余幅、书画作品百余幅。

1987 年（丁卯） 68 岁

由天津美术家协会、天津画院、天津市艺术博物馆等单位联合主办“津门二孙画展”，并就孙其峰、孙克纲的艺术成就召开专题研讨会。

是年创作书画作品数百幅。

1988 年（戊辰） 69 岁

在北京中国美术馆举办“孙其峰书画展”，国家领导人及著名画家吴作人、刘开渠、何海霞、秦征等人出席画展。所绘《孙其峰扇面选》由天津人民美术出版社出版。赴武汉、湛江、三亚等地写生。赴沈阳、长春、唐山、北戴河等地讲学作画。当选为天津市第八届政协常委、天津市美术家协会名誉主席、天津市书法家协会名誉理事。

1989 年（己巳） 70 岁

赴南京举办书画联展，并游扬州等地。

夏日，赴青岛、济南、曲阜等地，为香港《大公报》画花鸟画画稿百余幅，并坚持写生。

冬日，赴大连编绘《花鸟画谱》，并创作肖形印十二属相一组。与孙墨龙合撰《怎样写隶书》，并由天津人民美术出版社出版。

是年所居天津河北区宇纬路大院旧楼修建，迁至部队医院望湖楼暂居，仍作画不辍。

1990 年（庚午） 71 岁

移至天津友谊路水晶宫饭店暂住。在编绘花鸟技法教材的同时，创作四尺整张作品 30 余幅。所用印章全部换成自己所刻的印章，使自己作品的书、画、印、题纯为自我创作。赴北京、承德等地养病并写生。所绘花鸟画稿，连续在香港发表。所绘《中国花鸟画》由台湾艺术图书公司出版。书画创作步入鼎盛时期，其传略载入浙江

写生稿四幅

人民出版社《中国当代国画家辞典》。被评为享受国务院政府特殊津贴的专家。

1991 年（辛未） 72 岁

1 月，应邀赴广州、深圳等地讲学作画。

5 月，日本田中稻翠女士拜师学画，对其进行两个月的系统国画教学。

7 月，人民美术出版社出版《孙其峰书画选》，由王振德撰写长篇前言。天津水晶宫画廊专营孙其峰书画作品。《当代书画篆刻家辞典》《中国现代书法界人名辞典》有其传略。创作书画作品近百幅。

11 月，迁入河北区黄路三马路求是楼新居。

1992 年（壬申） 73 岁

天津人民美术出版社出版《孙其峰教学画稿》。荣宝斋出版《孙其峰写意花鸟画谱》。其传略载入《英国剑桥国际名人传记中心典册》。

1993 年（癸酉） 74 岁

倡议并组织天津工笔画研究会，被选为会长。积极促进海峡两岸书画艺术交流活动。倾心帮助青年书画家提高教学及创作质量。与天津部分书画名家赴北京举办

书画联展。

1994 年（甲戌） 75 岁

《孙其峰写意花鸟画谱》由荣宝斋出版社出版。应邀赴北京为中南海、钓鱼台国宾馆等中央机关作画。

是年创作五尺整张以上大画 10 余幅。作画之余，常以京剧自娱。

1995 年（乙亥） 76 岁

《孙其峰画集》出版。由人民美术出版社与中国美术家协会共同举办的“《孙其峰画集》出版研讨会”在北京举行。

10 月，赴烟台举办“孙其峰师生画展”。移居山东招远后，十分关心和支持故乡文化事业的发展，提议和推动了招远美协、书协等文化事业的成立和发展，并为之捐画题字等。

1996 年（丙子） 77 岁

春天，在北京小住。北京电视台拍摄电视教学片《中国画技法》，写意花鸟画部分由孙其峰主讲，工笔花鸟画部分由孙智谱主讲。同时参加主讲的还有白雪石、黄均等先生。

移居山东招远市“归园”，园中遍植各种花草树木，经常对花写生，积累画稿甚多。回乡居住后登门拜师求教者络绎不绝。在故乡招远的10年间，不论是为各种书画培训班授课，还是对赴家中求教的学子讲学，都是不辞辛苦、不厌其烦、诲人不倦、耐心指教。

1997年（丁丑） 78岁

作品《秋晴》《春林雀戏》《焦荫双栖》《白鹰》《梅枝栖禽》《山花烂漫》（合作）入选《中国现代美术全集 · 中国画 · 花鸟卷》，《三峡印象》《大江东去》入选《中国现代美术全集 · 中国画 · 山水卷》；书法、篆刻作品分别入选《中国现代美术全集 · 孙其峰》由古吴轩出版社出版。

1998年（戊寅） 79岁

年初，北京市美术家协会与中国名家书画技法大系制作中心联合录制《孙其峰画麻雀、喜鹊技法》光盘，并由北京文化艺术音像出版社出版。

8月，“孙其峰书画艺术研讨会”及“孙其峰师生画展”同时在烟台举行。为招远政协书画联谊会的成立题写贺词，拿出自己及子女的精品力作参展，并亲自写信给当时的全国书协主席沈鹏先生，为联谊会画册题字。

1999年（己卯） 80岁

天津人民美术出版社出版《孙其峰绘画粉本精选》并录制花鸟画示范光盘。陕西人民美术出版社出版《中国画名家作品精选 · 孙其峰作品》。为河北美术出版社编写、整理书画谱，内容包括小鸟、梅兰竹菊、山禽水禽、

写生稿六幅

花卉蔬果、动物水族、山水画稿、山水画、白描画稿、速写小构图及书法篆刻等10个部分。多件作品分别参加庆祝中华人民共和国成立五十周年书法成就展、中日联会自作诗词书法展、全国第七届书法展。

2000年（庚辰） 81岁

人民美术出版社出版《中国美术家作品丛书·孙其峰》（上册）。河北美术出版社出版十本套装《孙其峰书画谱》。与在家乡所收学生合办的“孙其峰师生画展”分别在招远、龙口等地举行。

春节期间陆续画仙鹤50余幅。

4月，尝试作人物画20余幅。画风渐趋粗放，所作书法作品以小篆居多。

2001年（辛巳） 82岁

仍勤奋作画写字不辍。《中国美术家作品丛书·孙其峰》（下册）出版。

12月，由中国美术家协会、中国书法家协会、中国画研究院、中国美术出版总社、天津美术学院主办的“天津美术学院孙其峰中国画教学展”在中国美术馆举办。展览共分六个部分：第一部分，艺术活动大事记，以照片和文字介绍孙其峰的艺术经历；第二部分，教学思想与教学方法；第三部分，京津求贤，组建教师队伍；第四部分，中国画教学的资料建设，展现孙其峰为天津美院收集名家作品的贡献；第五部分，培养青年教师；第六部分，高尚的人品师德，亲密的师生关系，展出孙其峰与学生探讨艺术人生的往来信件以及为学生修改的作品和与学生合作的作品。展览期间，“孙其峰中国画教学理论研讨会”在中国美术馆召开。《孙其峰书画谱》由中国艺术出版社出版。

春上枝头

双雀登枝

2002年（壬午） 83岁

2月，“津门五老绘画精品展”在天津举行，参展的五位画家为：王颂余、萧朗、孙其峰、王学仲、孙克纲。向天津美术学院捐赠大幅书画作品六幅。读《二十四史》中有兴趣的章节、《易经》及现代美术理论书籍。与烟台地区的学生、弟子一起举办师生作品展，在招远、烟台、龙口等地巡回展出。

2003年（癸未） 84岁

2月，“孙其峰书画展”在天津艺术博物馆举行，孙其峰将展出的80件作品中的20件捐赠给天津博物馆。在展览开幕式上由其长子孙长康代表孙其峰将市文化局颁发给他的五万元奖金全部捐给天津市残疾人福利基金会。

7月，《孙其峰写意翎毛技法》由天津人民美术出版社出版。不间断地读书、作画、写字，继续写笔记。为防止艺术的老化和衰退，不断地对自己提出新的要求，画风更显简拙素朴，返璞归真的童心与诗情愈加浓重。继续教学，在烟台地区收学生60余人。

12月，由广州美术学院、天津美术学院和岭南画派纪念馆联合主办的“孙其峰书画展”在岭南画派纪念馆举办。为母校招远一中捐赠作品，支持教育事业。

2004年（甲申） 85岁

1月，《中国近现代名家作品选粹·孙其峰》由人民美术出版社出版。

7月，向烟台市“希望工程”捐赠作品41幅，并携夫人赴向日葵孤儿院看望孩子。

8月，被西泠印社推举为第七届理事。在山东招远举办“孙其峰师生联展”，作品售出所得款项全部捐给贫困失学儿童。《中国书法》杂志（2004年第十期）刊出孙其峰书法专题，发表书法作品数十幅。

10月，“孙其峰师生画展”在天津盛世国风艺术馆举行。恢复画指画。猴年画猴过百幅。

12月，《孙其峰画集》（上、下册）由人民美术出版社出版。被聘为荣宝斋书画院艺术顾问。

白头偕老

2005年（乙酉） 86岁

年初，86岁的夫人杨锦屏突发脑梗，从“归园”护送到天津总医院求治。

春节后夫人出院，为继续理疗，暂不归招远，居天津万科新城“容膝斋”。陪侍老伴同时，仍手不释卷，或终日挥笔不辍。《孙其峰与中国画教学》由天津人民出版社出版。

2006年（丙戌） 87岁

7月，徐改主编的《中国名画家全集·当代卷·孙其峰》由河北教育出版社出版。包括孙其峰在内的《天津九家书画集》由天津人民美术出版社出版。

飞雀图

2007年（丁亥） 88岁

《孙其峰花鸟画新作选》《孙其峰作品选粹》《孙其峰书法篆刻选》《孙其峰隶书作品集》由天津杨柳青画社出版。平日在“容漆斋”探索各种禽鸟飞行动态，写笔记心得，并收入《稍纵即逝》等文稿中。

2008 年（戊子） 89 岁

3 月，天津美术学院中国画系为推进中国书画教育教学的深入开展，在院领导大力支持下，在院美术馆举办“孙其峰教学手稿观摩展”及“孙其峰与部分学生书画展览”，又一次为院内外书画爱好者提供了系统观摩与学习的机会。

11 月，征得孙其峰的同意和支持，王振德主编《孙其峰论书画艺术》，并由天津人民美术出版社出版。孙其峰每日上午从事书画创作，下午抽出两小时服侍老伴。

是年为社会公益和慈善事业捐画 20 余幅。

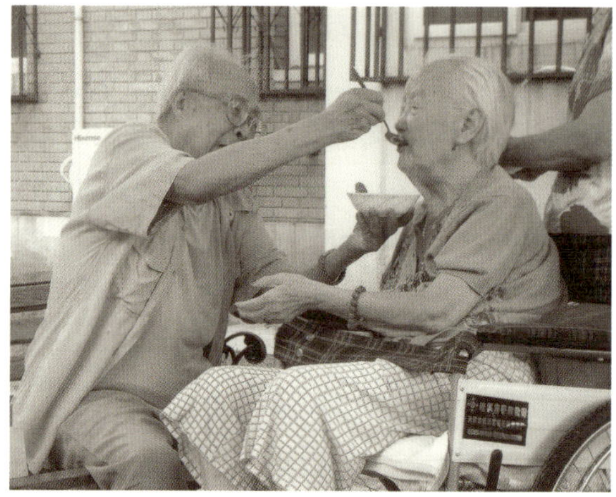

孙其峰服侍老伴

2009 年（己丑） 90 岁

2 月，欣逢孙其峰九十华诞，中国美协、中国书协、天津市委宣传部、市文联授予孙其峰“当代美术教育家”“国画大师”称号。

2 月 10 日至 12 日，在天津美术学院美术馆举办“孙其峰九十诞辰师生作品展”及研讨会，孙其峰展出书画作品 120 幅，展示书画专著 40 部和 30 余种教学手稿。新老弟子 238 位展出书画作品近 500 幅。到会祝贺的领导、亲友及弟子达千人。天津美术学院学报《北方美术》特出专版对此次展览状况及研讨会论文予以报道，《中国文化报》《中国书画报》等国内外 50 余家媒体发表专版、专文或新闻消息。醉墨堂画廊将孙其峰 48 幅精品集为《天津名家书画·孙其峰》专辑印刷行世。

11 月，孙其峰由亲友陪同专程赴老友陈因、张映雪、萧朗等人的家中看望并交流艺术心得。

12 月 27 日，由中央宣传部批准，中国文联和中国书法家协会联合授予孙其峰“中国书法最高奖”“第三届中国书法兰亭奖”和“终身成就奖”。

是年为救助受灾地区和慈善活动捐画 30 余幅。

“津门二孙画展”在北京北海画舫斋举办

天津美院领导授予孙其峰“学院终身贡献奖章”

2010 年（庚寅） 91 岁

3 月，郎绍君、徐改主编的《其峰画语》由人民美术出版社出版。

5 月，书画作品被北京邮票公司制作成《中国当代书画艺术精品纪念邮册》并全国发行。

6 月，《艺术人生》特别节目——《人生课程》再度开课，主持人蒋小涵前往孙其峰家中采访，向大师讨教关于人生的种种困惑和当今书画问题，由中央三台专题播出。

7 月，《孙其峰书法艺术》分上、下两集由天津人民美术出版社出版。

11 月 2 日，阚宪臣、王振德、霍春阳、孙长康、张秀茹等人倡议成立精装十卷本《孙其峰书画全集》编辑筹备委员会，成员有阚宪臣、李家旭、焦俊华、杨德树、吴守明、孙长康、王振德、陈冬至、贾宝珉、孙智谱、聂义斌、孙季康、刘正、李军等人，决定在编辑过程中，依据需要再酌情增补或调配人员，尽快促成正式编委会诞生，孙其峰对此深表谢意，随后在万科花园住所会见筹委会成员并当面致谢。

11 月 15 日，孙其峰荣获中国文联颁发的“第九届造型艺术成就奖”。天津美术学院授予孙其峰“学院终身贡献奖章”。孙其峰坚持书画创作的同时，每天下午抽出两个小时服侍久卧病榻的老伴杨锦屏，定时为老伴梳头理鬓，以缓解老伴病痛。

是年为社会慈善救助事业捐画 20 余幅。

2011 年（辛卯） 92 岁

1 月，玲珑阁画廊为孙其峰与杨德树、吕云所、孙长康、贾宝珉、史如源、阮克敏、郭书仁、霍春阳、王书平等九位弟子分别出版九本合作国画年历，在天津广泛发行。

2 月，《中国书画报》《画讯》等刊物开始连载《孙其峰课徒画稿》《孙其峰论书画艺术》等手稿或短文。

5 月 16 日，孙其峰将六幅书画新作委托长子孙长康代其捐赠给天津市残疾人福利基金，并获得长期捐助残疾人活动的最高荣誉奖“德艺双馨奖”。

7 月 8 日，孙其峰从天津乘车赴 120 公里外的蓟县山区看望门生杨德树和陈冬至，并分别书赠圣贤名句以为共勉。

10 月，大型精装十卷本《孙其峰书画全集》被国家新闻出版署列为重点出版书目，由线装书局承担《孙其峰书画全集》出版、宣传、发行等任务，预期一年后完成。是年老伴杨锦屏病逝。下半年，孙其峰各种老年病复发，住进天津总医院治病疗养，

孙其峰夫妇与长子长康全家合影

孙其峰夫妇与女儿智谱全家合影

孙其峰夫妇与儿女智谱、仲康合影

孙其峰夫妇与季子季康全家合影

其座右铭为“知老，迎老，但不愿服老”。病榻上每日仍与前来看望的青年教师交流艺术体验或书画心得，并书赠圣贤名句以为共勉。《孙其峰书画全集》编撰工作全面启动，进展顺利。所收集的大量作品、画稿和资料整理成册后，孙先生一一过目、认真审看，并亲自参与作品的甄别、择选以及编译疑难点的指正。孙先生对每卷初定的入选作品、画稿和文章从头至尾逐页审阅，并提出意见和建议。

2012 年（壬辰） 93 岁

1 月，孙其峰书画苑与孙其峰美术馆出版发行《孙其峰花鸟画精品墨宝年历》。

3 月，山东淄博市文化艺术城举办“孙其峰书画精品展”，《淄博日报》等 10 余家媒体予以报道。

5 月，天津市博物馆特设“孙其峰、孙克纲艺术专馆”，并编印《孙其峰书画精品集》交由天津人民美术出版社出版发行。大型精装十卷本《孙其峰书画全集》的编辑工作正紧锣密鼓地进行，孙其峰先生十分关注画集编辑工作的进展，对编辑人员的工作表示满意和感谢。他还在病榻上亲自对出版社印制的每卷的彩页和样书进行认真审阅。每卷初稿经孙其峰亲自审核并签名准可后，交由线装书局审订付印。经多方面协商研究，《孙其峰书画全集》在确定各卷主编的基础上，决定由李树声、霍春阳、孙智谱任总主编，阚宪臣、张秀如、孙智谱任总策划。

9 月，全集花鸟卷（上、中、下三卷）出版发行，其他七卷即将付印。全集出版可望在预期时间内圆满实现。

2013年（癸巳） 94岁

1月29日“第三届中国美术奖·终身成就奖”颁奖仪式在北京举行。孙其峰、方增先、杨之光等六位艺术家荣获大奖。此项大奖是由中宣部批准设立，文化部（现为文化和旅游部）、中国文联、中国美协主办，并由中国美协承办的国家级美术最高奖，是对老一辈美术家终身成就与贡献的褒奖和认可。正如中国文联党组书记赵实所说：“六位画家经过多年勤奋的艺术创作和艺术实践，创作了大量人民喜闻乐见、雅俗共赏的优秀艺术作品，他们身体力行，推进各个画种的美术教育，培养出无数优秀美术人才，为新中国美术事业奉献了毕生精力，为新中国美术的繁荣发展做出了卓越的贡献。他们是爱国、为民、崇德、尚艺的典范。”

1月30日上午，天津美协主席曹德兆带领相关人士特意到天津总医院看望正在养病的孙其峰先生，并表示衷心祝贺。孙先生感谢各级领导的关怀，决心以晚年努力，争取为美术事业多做工作。

孙其峰的全家福

附录

孙其峰常用印章

孙其峰印

其峰印信

孙氏

孙其峰

孙

肖形印

肖形印

肖形印

肖形印

肖形印

肖形印

乐无求

归园老翁

不务细节

登州人

归园

偶然得之

求是楼主

肖形印

肖形印

肖形印

肖形印

肖形印

双槐楼

登州

小道不小

花草吾友

招远

有我

归园日课

各行其道

一任自然

人长寿

孙其峰

貌离神合

无法而法

百家争鸣

发我所受

肖形印

肖形印

肖形印

肖形印

返朴

其峰

求异存同

濯去旧见

自然天成

求是

但得神遇

万类在手

归园艺者

肖形印

肖形印

肖形印

肖形印